# Extreme der Natur

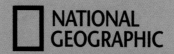

# Extreme

# der Natur

Mark Carwardine

mit Rosamund Kidman Cox

Erste Veröffentlichung von HarperCollinsPublishers Ltd
unter dem Titel: Extreme Nature
© 2005 Mark Carwardine
Das Urheberpersönlichkeitsrecht des Autors ist zu beachten.
Er ist mit vollem Namen zu zitieren.

Autorisierte deutsche Ausgabe veröffentlicht von
NATIONAL GEOGRAPHIC DEUTSCHLAND
(G+J/RBA GmbH & Co KG), Hamburg 2008

Redaktionsleitung: Alexandra Schlüter
Übersetzung und Lektorat: Monika Rößiger
Redaktionsassistenz: Alexandra Carsten, Hella Raddatz
Wissenschaftliche Beratung: Prof. Dr. Jörg Ganzhorn, Prof. Dr. Alexander Haas,
Prof. Dr. Harald Schliemann, Kai Schütte, Prof. Dr. C. Dieter Zander (alle Zoologisches Institut
und Museum, Hamburg), Dr. Stanislav N. Gorb (Max-Planck-Institut für Metallforschung,
Stuttgart), Jan-Dieter Ludwigs, Dr. Götz-Bodo Reinicke (Deutsches Meeresmuseum, Stralsund),
Monika Rößiger, Dr. Carsten Schirarend (Botanischer Garten Hamburg), Philipp Wagner
(Zoologisches Forschungsmuseum Alexander Koenig, Bonn),
Schlussredaktion: Katharina Harde-Tinnefeld
Titelgestaltung: Groothuis, Lofert, Consorten
Produktionsgrafik: Sandra Cordes
Herstellung: G+J Druckzentrale, Heiko Belitz

Druck: Druckerei Himmer, Augsburg
ISBN 978-3-86690-081-3

Alle Rechte vorbehalten. Reproduktionen, Speicherungen
in Datenverarbeitungsanlagen oder Netzwerken, Wiedergabe
auf elektronischen, fotomechanischen oder ähnlichen Wegen,
Funk oder Vortrag – auch auszugsweise – nur mit ausdrücklicher
Genehmigung des Copyrightinhabers.

Die National Geographic Society, eine der größten gemeinnützigen Vereinigungen der Welt, wurde 1888 gegründet, um «die geographischen Kenntnisse zu mehren und zu verbreiten». Seither unterstützt sie die wissenschaftliche Forschung und informiert ihre mehr als neun Millionen Mitglieder in aller Welt. Die National Geographic Society informiert durch Magazine, Bücher, Fernsehprogramme, Videos, Landkarten, Atlanten und moderne Lehrmittel. Außerdem vergibt sie Forschungsstipendien und organisiert den Wettbewerb National Geographic Bee sowie Workshops für Lehrer. Die Gesellschaft finanziert sich durch Mitgliedsbeiträge und den Verkauf der Lehrmittel. Die Mitglieder erhalten regelmäßig das offizielle Journal der Gesellschaft: das NATIONAL GEOGRAPHIC-Magazin. Falls Sie mehr über die National Geographic Society, ihre Lehrprogramme und Publikationen wissen wollen, nutzen Sie die Website unter www.nationalgeographic.com. Die Website von NATIONAL GEOGRAPHIC DEUTSCHLAND können Sie unter www.nationalgeographic.de besuchen.

**Bildnachweis** Cover: Vorderseite v.l.n.r.: Chris Mattison/ FLPA; Science Pictures Ltd/ Science Photo Library; Carlos Villoch/ imagequest3d.com; Rückseite v.l.n.r.: Stephen Dalton/ NHPA; Eric Grave/ Science Photo Library; Mark Moffett/ Minden Pictures/ FLPA; Innenseiten v.l.n.r.: Frans Lanting/ Minden Pictures/ FLPA; Nat Sumanatemeya/ imagequest3d.com;

S. 291 © Norbert Wu/Minden Pictures/FLPA; © AFLO/naturepl.com; S. 11 © Jeffrey Wood/Royal Botanic Gardens, Kew; S. 12 © Roger Steene/imagequest3d.com; S. 15 © Thomas Eisner & Daniel Aneshansley/Cornell University; S. 16 © Chris Mattison/FLPA; S. 19 © Ron Toft; S. 20-21 © Randy Gaugler; S. 22 © James D Watt/imagequest3d.com; S. 25 © Ken Griffiths/ANTphoto.com; S. 26 © Haroldo Palo Jr/NHPA; S. 29 © Werner A Wuttke; S. 31 © Jeff Lepore/Science Photo Library; S. 32 © Flip Nicklin/Minden Pictures/FLPA; S. 35 © Matthew Gilligan; S. 36 © Tui De Roy/Minden Pictures/FLPA; S. 39 © Steve Robinson/NHPA; S. 40 © Valerie & Ron Taylor/ardea.com; S. 43 © Mark Moffett/ Minden Pictures/FLPA; S. 45 © Mary Plage/Oxford Scientific Films; S. 46 © Roger Steene/ imagequest3d.com; S. 49 © Mark Carwardine; S. 50 © John Shaw/NHPA; S. 53 © Bill Bachman/ ANTphoto.com; S. 54 © ANT Photo Library/NHPA; S. 57 © Mark Carwardine; S. 58 © Marty Snyderman/imagequest3d.com; S. 60 © Neil Lucas/naturepl.com; S. 63 © Don Merton; S. 64 © Peter Batson/ imagequest3d.com; S. 66-67 © Andrea Florence/ardea.com; S. 68 © J M Storey/Carleton University; S. 71 © Jenny Pegg; S. 73 © Raymond Mendez/Oxford Scientific Films; S. 74 © T Kitchin/V Hurst/NHPA; S. 77 © Peter Batson/imagequest3d.com; S. 79 © David Hosking/FLPA; S. 80-81 © Robert Suter; S. 82 © Nat Sumanatemeya/imagequest3d.com; S. 85 © Mark Carwardine; S. 89 © Peter arks/ imagequest3d.com; S. 90 © Stephen Dalton/NHPA; S. 92-93 © Mitsuhiko Imamori/Minden Pictures/FLPA; S. 94 © Flip Nicklin/Minden Pictures/FLPA; S. 97 © Eric Soder/NHPA; S. 98 © Peter Parks/imagequest3d.com; S. 101 © Carlos Villoch/ imagequest3d.com; S. 102 © Christophe Ratier/NHPA; S. 104 © Rob Kay; S. 107 © Alan Williams/ NHPA; S. 109 © Chris Mattison/NHPA; S. 110 © Tui De Roy/Minden Pictures/FLPA; S. 113 © Pete Oxford/ naturepl.com; S. 115 © Roger Steene/imagequest3d.com; S. 116 © Frans Lanting/Minden Pictures/FLPA; S. 119 © Japan Agency for Marine-Earth Science and Technology (JAMSTEC); S. 120 © Stephen Dalton/ NHPA; S. 122-123 © James Warwick/NHPA; S. 125 © Morley Read/naturepl.com; S. 126 © Mitsuhiko Imamori/Minden Pictures/FLPA; S. 129 © Mark Carwardine; S. 131 © Alan Williams/NHPA; S. 132 © Nigel J Dennis/NHPA; S. 135 © Mark Piazzi; S. 136 © Flip Nicklin/Minden Pictures/FLPA; S. 139 © Ed Reschke/Still Pictures; S. 140 © Rod Planck/NHPA; S. 143 © Pete Oxford/naturepl.com; S. 145 © Michael Fogden; S. 146 © Gouichi Wada/Nature Production/Auscape; S. 149 © Frans Lanting/Minden Pictures/FLPA; S. 151 © Mitsuaki Iwago/ Minden Pictures/FLPA; S. 152 © Michael Quinto/NHPA; S. 154-155 © Steve Robinson/NHPA; S. 157 © Michael & Patricia Fogden/Minden Pictures/ FLPA; S. 161 © Austin J Stevens/ Animals Animal/Oxford Scientific Films; S. 162 © ANT Photo Library/NHPA; S. 165 © AFLO/ naturepl.com; S. 167 © Carl Bento/Australian Museum; S. 168 © Fred Bruemmer/Still Pictures; S. 171 © Jonathan & Angela Scott/NHPA; S. 173 © Ian R MacDonald; S. 174 © S Blair Hedges; S. 177 © Mark Carwardine; S. 178 © Gerard Lacz/FLPA; S. 181 © Frans Lanting/Minden Pictures/ FLPA; S. 182 © Erling Svensen; S. 185 © Mark Carwardine; S. 186 © Karl Switak/NHPA; S. 189 © Custom Medical Stock Photo/Science Photo Library; S. 190-191 © Mark Dantzker; S. 193 © Mitsuhiko Imamori/Minden Pictures/FLPA; S. 194 © James King-Holmes/Science Photo Library; S. 196 © Andrew Parkinson/naturepl.com; S. 199 © Mark Carwardine; S. 201 © ANT Photo Library/NHPA; S. 203 © Tasmanian Herbarium/ Tasmanian Museum and Art Gallery; S. 204 © Jim Brandenburg/Minden Pictures/FLPA; S. 207 © Michael Gore/FLPA; S. 208 © Peter Parks/ imagequest3d.com; S. 211 © Stephen Krasemann/NHPA; S. 213 © Ann & Steve Toon/ NHPA; S. 215 © Flip Nicklin/Minden Pictures/FLPA; S. 216 © Kat Bolstad; S. 219 © Yva Momatiuk/John Eastcott/Minden Pictures/FLPA; S. 220 © Mark Carwardine; S. 222 © Doug Perrine/ naturepl.com; S. 225 © Frans Lanting/Minden Pictures/ FLPA; S. 226 © Pierre Fidenci; S. 229 © Natural History Museum, London; S. 230 © Pete Oxford/naturepl.com; S. 233 © Winfried Wisniewski/FLPA; S. 234 © Heidi Snell; S. 237 © Merlin Tuttle/Science Photo Library; S. 238 © Science Pictures Ltd/Science Photo Library; S. 241 © Mark Carwardine; S. 242 © Anup Shah/naturepl.com; S. 244 © Peter Herring/imagequest3d.com; S. 247 © K G Preston-Mafham/Premaphotos Wildlife; S. 250 © C Andrew Henley/Auscape; S. 253 © Michael J Tyler, University of Adelaide; S. 255 © Martin Harvey/NHPA; S. 257 © Gabriel Rojo/naturepl.com; S. 259 © Michael & Patricia Fogden/Minden Pictures/FLPA; S. 260 © John Waters/naturepl.com; S. 263 © Frans Lanting/ Minden Pictures/FLPA; S. 264 © Konrad Wothe/ Minden Pictures/FLPA; S. 267 © Eric Grave/ Science Photo Library; S. 268 © Kelvin Aitken/Still Pictures; S. 271 © Alan Chin-Lee; S. 273 © Neil Bromhall/Oxford Scientific Films; S. 274 © Adam White/naturepl.com; S. 276-277 © Adrian Hepworth/NHPA; S. 279 © Mark Jones/ Minden Pictures/FLPA; S. 281 © D Parer & E Parer-Cook/AUSCA/Minden Pictures/FLPA; S. 283 © John Cancalosi/naturepl.com; S. 284 © Yves Lanceau/NHPA; S. 287 © Martin Harvey/ANTphoto.com; S. 288 © Neil Bromhall/Science Photo Library; S. 291 © Norbert Wu/Minden Pictures/FLPA; S. 293 © Alice & Daniel Harper; S. 294 © Roger Steene/imagequest3d.com; S. 297 © Peter Parks/ imagequest3d.com; S. 298 © Frans Lanting/Minden Pictures/FLPA; S. 301 © Andrew Syred/ Science Photo Library; S. 302 © Y Kito/imagequest3d.com; S. 305 © Stephen Krasemann/NHPA; S. 306-307 © Daniel Heuclin/ NHPA; S. 308 © Jonathan & Angela Scott/NHPA; S. 310-311 © Peter Wirtz; S. 312 © Ingo Arndt/ naturepl.com; S. 315 © Hideyo Kubota

# Inhalt

6 Einleitung

8 Extreme Fähigkeiten

86 Extreme Bewegung

158 Extremes Wachstum

248 Extreme Familien

318 Index

# Einleitung

„Extreme der Natur" beschreibt einige der faszinierendsten Pflanzen und Tiere unseres Planeten. Ein Fisch, der sein Geschlecht ändern kann, ein Frosch, der aus dem Maul gebiert, eine Blume, die so übel duftet, dass Menschen in Ohnmacht fallen – das sind nur drei Beispiele aus der Sammlung verrückter und wunderbarer Geschöpfe dieses Buches.

Wer tatsächlich noch eines Beweises bedarf, dass die Wirklichkeit die Fiktion übertrifft, braucht nur in die Natur zu schauen. Wussten Sie beispielsweise, dass der Bombardierkäfer ein Reizgas versprühen kann, das heißer als kochendes Wasser ist? Oder dass der Rizinussamen ein 6000-mal tödlicheres Gift als Zyankali enthält? Haben Sie jemals über das Dreizehen-Faultier gestaunt, das nur zwei Daseinszustände kennt: Schlaf und Halbschlaf?

Einem Science-Fiction-Autor wäre es schwer gefallen, sich so bizarre Lebewesen oder Verhaltensweisen auszudenken, wie sie in diesem Buch zu finden sind. Stellen Sie sich ein Tier vor, das bis zu einem Viertel seines eigenen Bluts gegen Angreifer verspritzt (die Texas-Krötenechse). Oder einen Frosch, der Temperaturen bis minus acht Grad übersteht, und einen Nachtfalter mit einer 35 Zentimeter langen „Zunge". Ein Fisch, der sich bis auf seine dreifache Größe zu einer stacheligen Kugel aufblasen kann, klingt vielleicht wie eine Figur aus „Per Anhalter durch die Galaxis", aber er existiert wirklich: in den tropischen Meeren weltweit. Er heißt Igelfisch.

Einer der vielfältigsten Lebensräume für so exzentrische Charaktere ist das Meer. Dort entdeckten Wissenschaftler zum Beispiel den Quastenflosser, einen urtümlichen Fisch, von dem man annahm, dass er vor 65 Millionen Jahren ausgestorben war. Aber er lebt weiter, im Indischen Ozean. Im Meer stießen Forscher auch auf jenen seltsamen Tintenfisch, der ein exzellenter Verwandlungskünstler ist. Er nimmt alle möglichen Gestalten an, um nur nicht wie ein Tintenfisch auszusehen: von der Flunder über eine Qualle bis hin zur Seeschlange. Und in den dunklen, kalten Tiefen des

Ozeans fanden Meeresbiologen krabbenähnliche Wesen, die elf Kilometer unter dem Meeresspiegel hausen.

Allerdings ist das Meer der noch am wenigsten erforschte Lebensraum der Erde. Die Forschung dort kann so schwierig und herausfordernd sein wie die im Weltall. Mit der Hilfe von Tiefseetauchbooten und ferngesteuerten Robotern beginnen wir gerade erst, das ganze Ausmaß an außerirdisch scheinenden Lebensformen auf unserem eigenen Planeten zu verstehen. Aber auch an Land gibt es noch jede Menge seltsamer und exzentrischer Lebewesen zu entdecken, obwohl sie schwer zu finden sind.

„Extreme der Natur" wurde mit der unschätzbaren Hilfe von mehr als 150 Wissenschaftlern geschrieben, die an allen Enden der Welt arbeiten. Nur dank ihrer großzügigen Unterstützung war es möglich, die Höhepunkte jahrelanger, oft jahrzehntelanger Forschung in ein paar Sätzen zusammenzufassen. Wenn Sie also wissen möchten, welches Tier den besten Farbsinn hat, ob der Tausendfüßler wirklich tausend Füße hat, welche Geschwindigkeit ein Falke im Sturzflug erreicht oder welches die giftigste Schlange ist, dann sind Sie hier richtig.

Wer die Extreme der Natur untersucht, stößt immer wieder auf Überraschungen. Kaum hat man einen Superlativ erkannt, kann es sein, dass er schon wieder von einem anderen Kandidaten übertroffen wird. Doch auch wenn einige der Rekorde in diesem Buch nicht zu toppen sind, verfügt doch jedes Tier und jede Pflanze über etwas Einzigartiges, das unsere besondere Aufmerksamkeit verdient.

Das Ziel dieses Buches ist einfach, diese außergewöhnlichen Geschöpfe und ihr Verhalten vorzustellen. Wir hoffen, Sie lassen sich in ihren Bann ziehen.

# Extreme

# Fähigkeiten

Die hinterhältigste Pflanze · Der seltsamste Boxer · Der explosivste Käfer · Das giftigste Landtier · Der genialste Werkzeugmacher · Die grausamste Partnerschaft · Der beste Elektrosinn · Die klebrigste Haut · Die gifthaltigste Pflanze · Der größte Blutsauger · Der feinste Geruchssinn · Der leidenschaftlichste Sänger · Die gruseligste Zunge · Der Vogel mit dem größten Forscherdrang · Der größte Medizinkonsument · Der schmerzhafteste Stich · Die rutschigste Falle · Der größte Trinker · Der beste Tarnkünstler · Der meistgefürchtete Killer · Der beste Architekt · Die bedrohlichsten Blätter · Der lauteste Vogelruf · Der tödlichste Speichel · Der sensibelste Schlitzer · Die übelriechendste Pflanze · Das beeindruckendste Comeback · Das heißeste Lebewesen · Der elektrischste Fisch · Die kälteste Amphibie · Das größte Sprachtalent · Die bizarrste Verteidigung · Das stinkendste Säugetier · Der schleimigste Meeresbewohner · Das schärfste Gehör · Die klebrigste Spinne · Der beste Farbsinn · Die gefährlichste Schlange

# Die hinterhältigste Pflanze

Die Natur beruht auf Partnerschaften. Aber in allen Gesellschaften gibt es Betrüger – so auch im Pflanzenreich. Einige Pflanzen könnten nicht existieren ohne die Hilfe von Pilzen, die sie mit Nährstoffen versorgen. Wahrscheinlich war die Eroberung des Landes durch Pflanzen – Algen – nur auf Grund solcher Partnerschaften möglich. Es hieß sogar, dass die ersten Landpflanzen nur deshalb Wurzeln entwickelt haben, um mit den „Pilzwurzeln", den so genannten Hyphen, Kontakt aufnehmen zu können.

In solch einer Symbiose sind die meisten Pflanzen zuverlässige Partner und liefern den Pilzen Kohlenhydrate, die sie mit Hilfe des Chlorophylls – des grünen Farbstoffs in ihren Blättern – hergestellt haben. Einige, vor allem Orchideen, produzieren sogar komplette Futterpäckchen und geben sie ihren Embryonen mit auf den Weg ins Leben. Von diesen Nährstoffen im Samen zehren die Embryonen, bis sie auf ihren Symbiosepartner, die Pilze im Boden, treffen.

Einige Orchideen sind jedoch zu Betrügern geworden: Sie nutzen Pilze, die ihrerseits mit Bäumen in Symbiose leben, ohne ihnen jemals etwas zurückzugeben. Über die Pilzhyphen dringen diese „Orchideen-Vampire" in die Baumwurzeln ein und saugen ihnen Nährstoffe ab. Solche Orchideen produzieren kein Chlorophyll mehr und sind deshalb auch nicht grün, sondern bleichrosa wie der blattlose Widerbart oder braun wie die Vogelnestorchidee. Andere, zum Beispiel die westliche Korallenwurz, sind blutrot oder sogar lila. Der Nachteil des Betrügens ist nur, dass die Orchidee ohne den Pilz nicht überleben kann. Und der könnte eines Tages Mechanismen entwickeln, die das Eindringen der Orchideenwurzeln verhindern.

| | |
|---|---|
| **NAME** | **Widerbart** *Epipogium aphyllum* |
| **LEBENSRAUM** | von Nord- und Mitteleuropa bis östlich von Japan |
| **FÄHIGKEIT** | betrügt einen Pilz |

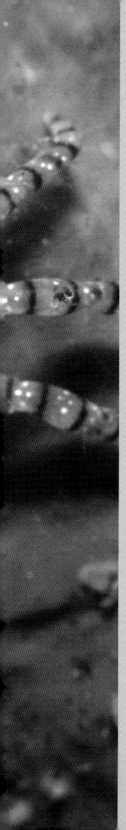

Beziehungen auf Gegenseitigkeit sind im Meer weit verbreitet – etwa die Allianz zwischen Einsiedlerkrebs und Seeanemone. Der Krebs wird durch die Nesselkapseln der Anemone vor Räubern geschützt, die Anemone profitiert von den Futterresten des Krebses. Boxerkrabben sind offenbar noch einen Schritt weitergegangen. Ihr Panzer misst nur 1,5 Zentimeter, und sie sind für viele Tiere eine begehrte Beute. Dagegen wehren sie sich, indem sie stechende Anemonen auf ihren Scheren tragen. Ein Schlag damit wäre selbst für einen Menschen schmerzhaft, für manche Tiere ist er tödlich. Einer dieser „Boxer" wurde sogar dabei beobachtet, wie er den giftigen Blauring-Oktopus in die Flucht geschlagen hat. Ihre Anemonen-Boxhandschuhe setzen die Krebse auch bei Kämpfen untereinander ein, die aber ritualisiert ablaufen. Die Kombattanten berühren sich fast nie mit den Anemonen, sondern rangeln stattdessen mit ihren Beinen.

Wenn der Krebs wächst und sich häutet, muss er seine Anemonen ablegen. Er kann sie erst wieder aufnehmen, wenn sein neuer Panzer ausgehärtet ist. Falls er dann nur noch eine Anemone zur Hand hat, teilt er sie einfach in zwei. Seltsamerweise scheint das der Anemone nichts auszumachen, jedenfalls hat man keine Abwehrversuche beobachtet. Aber was hat sie davon, außer dem freien Transport durchs Meer? Da der Krebs sie auch dazu benutzt, seine eigenen Beutetiere zu betäuben, bekommt sie vermutlich genug Futterreste, um von einem Leben auf der Schere zu profitieren.

# Der seltsamste Boxer

**NAME** **Boxerkrabbe** *Lybia spec.*
**LEBENSRAUM** Indischer und Pazifischer Ozean
**FÄHIGKEIT** verteidigt sich mit Hilfe von Anemonen

EXTREME FÄHIGKEITEN

In der Welt der Insekten überleben Ameisen beinahe alles. Aber manchmal ziehen selbst sie den Kürzeren. So halten Bombardierkäfer eine Anti-Ameisen-Überraschung bereit, die ziemlich explosiv ist. Eine Ameise, Spinne oder jeder andere Räuber, der sich in feindlicher Absicht an ein Käferbein heftet, wird augenblicklich mit einer Chemikalie übersprüht, die so heiß ist wie kochendes Wasser.

Wie aber kann ein kleiner, kaltblütiger Käfer so etwas anstellen? Mit Hilfe reiner Chemie: In seinem Hinterleib liegen zwei identische Drüsen nebeneinander, deren Ausführgänge in den After münden. Jede der beiden Drüsen besteht aus einer inneren und einer äußeren Kammer. Die innere enthält Wasserstoffperoxid und Hydroquinon, die äußere zwei Enzyme (Katalase und Peroxidase). Wenn die Chemikalien der inneren Kammer mit denen in der äußeren Kammer in Berührung kommen, reagieren sie miteinander, und das ungefähr ein Zentimeter große Insekt hat doch tatsächlich eine Bombe kreiert.

Der dabei entstehende Dampf, der nun Reizstoffe enthält, die als p-Benzoquinone bekannt sind, explodiert aus dem Hinterleib des Käfers – mit einem Knall, der auch für Menschen hörbar ist, und einer Temperatur, die den Möchtegern-Angreifer verbrüht. Als wäre das nicht schon genug, kann der Käfer seinen Hinterleib in jede Richtung um bis zu 270 Grad drehen, so dass er sein Ziel absolut präzise anpeilen kann. Wenn das nicht reicht, verschießt er sein Spray über den Rücken. Dort trifft es auf zwei Reflektoren, die es in die gewünschte Richtung bringen. Das Ergebnis ist eine Art Querschläger. Wissenschaftler finden Bombardierkäfer (*Brachinus crepitans* oder *Brachinus explodens*) faszinierend, weil sie die einzigen bekannten Tiere sind, die Chemikalien zu Sprengstoff mischen.

# Der explosivste Käfer

| | |
|---|---|
| **NAME** | **Bombardierkäfer** *Brachinus crepitans* oder *explodens* |
| **LEBENSRAUM** | auf jedem Kontinent außer der Antarktis |
| **FÄHIGKEIT** | mixt Chemikalien, um eine Explosion zu erzeugen |

# Das giftigste Landtier

**NAME** **Goldener Pfeilgiftfrosch**
*Phyllobates terribilis*

**LEBENSRAUM** pazifische Regenwälder in Kolumbien

**FÄHIGKEIT** produziert eines der tödlichsten Gifte des Tierreichs

Dieser kleine Frosch schützt seinen Körper mit einer giftigen Substanz und ist deshalb schon bei der bloßen Berührung giftig. Gifttiere im engeren Sinn injizieren ihre Gifte über eine Waffe – beispielsweise einen Zahn, Dorn, Schwanz oder Stachel. Das Gift des Pfeilgiftfrosches wirkt, wenn er angegriffen wird. Um das zu vermeiden, versucht der Frosch potenzielle Angreifer durch seine leuchtend gelbe oder orange Farbe abzuschrecken.

Dieser giftigste aller Frösche gehört zu den giftigsten Tieren der Welt. Die toxische Substanz steckt in seiner Haut – die bloße Berührung kann für einen Menschen tödlich sein. Die Menge eines Frosches würde ausreichen, um bis zu 100 Menschen zu töten. Er lebt nur in einer bestimmten Region Kolumbiens und ist Wissenschaftlern erst seit 1978 bekannt. Die dort lebenden Chocó-Indianer kennen ihn freilich schon seit Generationen. Sie nutzen das Sekret seiner Hautdrüsen für ihre Giftpfeile, die sie mit Blasrohren abschießen. Ihre Beutetiere töten sie auf diese Weise innerhalb von Sekunden.

Der Pfeilgiftfrosch bezieht den Großteil seines Batrachotoxin genannten Nervengiftes von anderen Tieren, wahrscheinlich von kleinen Käfern, die es wiederum über Pflanzen aufnehmen. Im Labor aufgezogene Frösche werden nie giftig, vermutlich, weil sie nicht mit giftigen Insekten gefüttert werden. Der Frosch ist tagaktiv. Er hat nur wenige Feinde, mit Ausnahme einer Schlange, die gegen sein Gift immun ist. Auf Neuguinea wurden überraschenderweise Vögel entdeckt, deren Haut und Federn das gleiche Gift wie der kolumbianische Frosch enthalten. Wahrscheinlich fressen sie kleine Käfer, die ebenfalls Batrachotoxin enthalten.

# Der genialste Werkzeugmacher

**NAME** **Geradschnabelkrähe**
*Corvus moneduloides*

**LEBENSRAUM** Pazifikinsel Neukaledonien

**FÄHIGKEIT** denkt sich Wege aus, um auch an schwer erreichbares Futter zu kommen

Einige Tiere, vom Seeotter bis zum Spechtfinken, nutzen Werkzeuge, manche basteln sie sogar selbst. Als Klassenbester in Sachen Werkzeuggebrauch gilt normalerweise unser nächster Verwandter, der Schimpanse. Er gebraucht Steine, um damit Nüsse zu knacken, und pflückt Zweige oder Grashalme, um damit Termiten aus ihren Bauten zu angeln. Dabei handelt es sich um „kulturelle" Fähigkeiten, die nur in bestimmten Schimpansengruppen gepflegt und an die Jungen weitergegeben werden. Sie sind gar nicht leicht zu erlernen. Ein Anthropologe verbrachte einmal einige Monate in einer Schimpansengruppe, um das Termitenangeln zu lernen. Er brachte es nur so weit, wie ein vierjähriges Schimpansenjunges am Anfang seiner Ausbildung.

An Scharfsinn und Erfindergeist aber ist die Geradschnabelkrähe wohl kaum zu übertreffen. Für ein Laborexperiment stellten Wissenschaftler einen Leckerbissen in einem Körbchen auf den Boden eines durchsichtigen Zylinders. Betty, ein Krähenweibchen, erhielt ein Stück geraden Draht. Mit diesem im Schnabel versuchte sie den Korb zu heben – ohne Erfolg. Dann hüpfte sie mit dem Draht an die Seite der Kiste, in der der Zylinder stand, klemmte ihn dort ein und bog ihn zu einem Haken. Sie ging zurück zum Zylinder, hakte das Körbchen ein, hob es hoch und bekam den Leckerbissen. Als das Experiment wiederholt wurde, bastelte Betty auf ähnliche Weise wieder ein Werkzeug, wobei sie noch zwei neue Techniken ausprobierte. In freier Wildbahn fertigen Geradschnabelkrähen Futterhaken aus Ästen, indem sie alle bis auf ein Zweiglein abreißen. Aber einen Draht im Labor biegen – woher kann eine Krähe so etwas wissen?

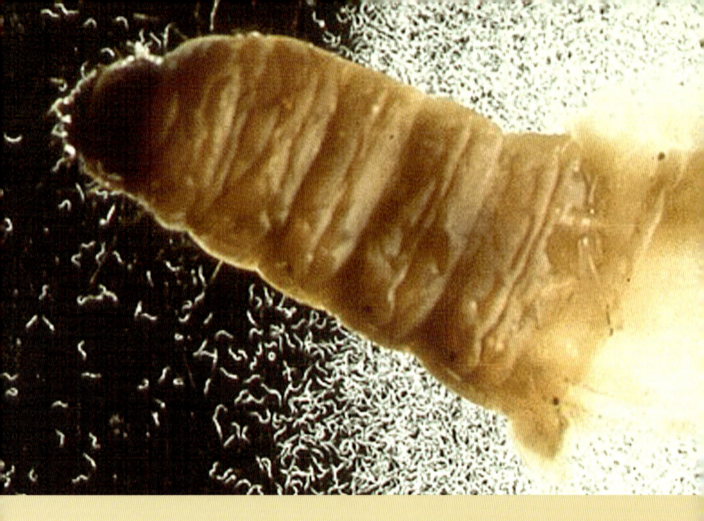

# Die grausamste Partnerschaft

**NAME** Das **Bakterium** *Photorhabdus luminescens* und der **Nematode** *Heterorhabditis bacteriophora*
**LEBENSRAUM** im Inneren von Raupen und Maden
**FÄHIGKEIT** vereinen ihre Kräfte, um Larven bei lebendigem Leib aufzufressen

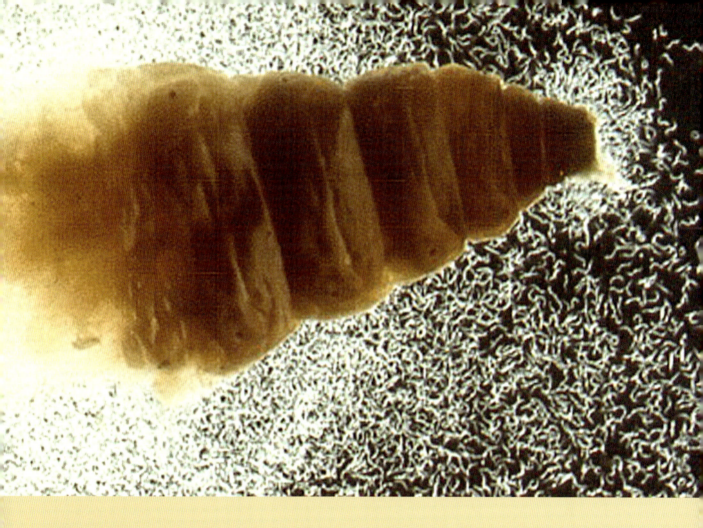

Es ist ein langsamer, grausamer Tod: Ein Nematode (eine wurmartige Kreatur) geht auf die Jagd, indem er den Boden durchwühlt und nach einem Insekt oder einer Larve sucht. Er ist nicht besonders wählerisch, er mag im Prinzip alles – vom Rüsselkäfer bis zur Fliegenmade. Aber es kann dennoch Monate dauern, bis der Wurm ein geeignetes Opfer gefunden hat. Dann dringt er durch die Haut ein, entweder durch eine Atempore oder indem er sich mit Hilfe eines Spezialzahns ein Loch bohrt. Drinnen setzt er dann mehr als 100 Bakterien aus seinem Darm frei, die tödliche Toxine produzieren sowie Verdauungsenzyme und Antibiotika.

Durch einen Prozess, der Biolumineszens heißt, leuchten die Bakterien. Sowie sie sich vermehren, zeigt die Larve ein tödliches Glimmen. Der Nematode beginnt dann, die Bakterien sowie den Larvenkörper von innen heraus zu fressen, der wegen der mitgebrachten Antibiotika frei von konkurrierenden Mikroorganismen ist. Schließlich legt der zwittrige Wurm seine Eier im Kadaver ab, aus denen sich sowohl weibliche als auch männliche Nachkommen entwickeln.

Sobald die Jungen schlüpfen, fressen sie ihre Mutter. Sie paaren sich und produzieren selbst Eier. Zwei Wochen nach dem Befall bricht der Larvenkörper auf und entlässt Tausende junger Nematoden mit Bakterien im Darm. Bakterien und Nematoden könnten ohne einander nicht leben. Der Mensch unterstützt diese Partnerschaft, indem er Nematoden im Garten freisetzt – zur natürlichen Schädlingsbekämpfung.

EXTREME **FÄHIGKEITEN**

Alle Haie sind bis zu einem gewissen Grad in der Lage, andere Lebewesen anhand schwacher elektrischer Felder aufzuspüren, die jeden Organismus – ob Mensch oder Tier – zwangsläufig umgeben. Bei den meisten Haien ist dieser elektrische Sinn eine Ergänzung zu den wichtigeren Sinnen wie Hören, Riechen, Sehen, und kommt erst im letzten Moment vor einem Angriff zum Einsatz. Aber für Hammerhaie ist er der wichtigste Sinn. Das könnte der Grund sein, warum ihr Kopf so seltsam geformt ist.

Haie verfügen über spezielle Elektrorezeptoren, Hunderte kleiner dunkler Poren, die man Lorenzinische Ampullen nennt. Sie sind mit einem Gel gefüllt, das elektrische Impulse an die Nervenendigung jeder Pore weiterleitet. Diese Poren befinden sich normalerweise um die Schnauze herum und am Unterkiefer, was den Haien ein gesprenkeltes Aussehen gibt – so als hätten sie einen Dreitagebart.

Beim Hammerhai aber sitzen diese Poren verstärkt auch an der Unterseite seines verlängerten Kopfes, mit dem er den sandigen Meeresboden wie mit einem Metalldetektor nach Beute absucht. Dort vergraben sich Tiere wie Stachelrochen und Plattfische, die der Hai weder sehen, hören, riechen oder auf irgendeine andere Art wahrnehmen kann.

Hammerhaie entdecken die winzigen elektrischen Ströme, die zwischen den Körpern der Beutetiere und dem salzigen Meerwasser entstehen. Sie registrieren sogar die noch schwächeren Wechselströme, die durch die Muskelkontraktionen rund um das Herz eines Tieres verursacht werden. Die acht Arten von Hammerhaien können diese besser wahrnehmen als die meisten anderen Haiarten. Allen voran der größte von ihnen, der bis zu sechs Meter lange Große Hammerhai: Wahrscheinlich hat er dafür die feinsten Antennen von allen.

# Der beste Elektrosinn

**NAME**     **Großer Hammerhai** *Sphyrna mokarran*
**LEBENSRAUM**     tropische und mäßig warme Ozeane
**FÄHIGKEIT**     spürt seine Beute anhand ihrer elektrischen Felder auf

EXTREME **FÄHIGKEITEN**   23

# Die klebrigste Haut

Australien, der Kontinent der Extreme, brachte extreme Anpassungen der Geschöpfe an ihre Umwelt hervor. So lebt der Katholikenfrosch dort, wo viele andere Amphibien nicht leben könnten: im heißen, unwirtlichen Landesinneren, wo Dürren einige Jahre dauern können. Mit Hilfe seiner kräftigen Hinterbeine gräbt sich der Frosch (genau genommen eine Kröte) in den Boden, um die Hitze des Tages auszusitzen. Sobald die Dürre beginnt, gräbt er eine Kammer in etwa einem Meter Tiefe. Dort überlebt er im Ruhezustand, aus dem er erst wieder auftaucht, wenn es zu regnen beginnt.

Wie seine engen Verwandten hat auch der Katholikenfrosch einzigartige Drüsen auf der Haut. Sobald das Tier gestört oder angegriffen wird, sondern die Drüsen ein spezielles Sekret ab, das sich in Klebstoff verwandelt. Dieser härtet innerhalb von Sekunden und ist fünfmal stärker als andere natürliche Kleber. Das ist besonders praktisch, wenn Ameisen angreifen: Sogar die größten von ihnen kleben sofort auf seiner Haut fest. Da sich der Katholikenfrosch wie alle Kröten und Frösche häutet und circa einmal pro Woche seine eigene Haut verzehrt, hat er das Vergnügen, seine ehemaligen Angreifer gleich mit aufzuessen.

Forscher in Australien versuchen, einen künstlichen Klebstoff herzustellen, der so wirksam wie der Froschkleber ist. Dieser kann Plastik, Glas, Pappe und sogar Metall zusammenkleben. Noch wichtiger ist seine Eigenschaft, Löcher im Knorpel oder in anderen Körpergeweben zu kitten. Chirurgen hätten mit dem künstlich hergestellten Wunderkleber einen Stoff zur Hand, mit dem sie komplizierteste Verletzungen heilen könnten.

| | |
|---|---|
| **NAME** | **Katholikenfrosch** |
| | *Notaden bennetti* |
| **LEBENSRAUM** | Australien |
| **FÄHIGKEIT** | produziert einen Super-„Sekundenkleber" |

# Die gifthaltigste Pflanze

Die Rizinuspflanze enthält ein Gift, das 6 000-mal stärker als Zyankali ist, möglicherweise das tödlichste Gift des Pflanzenreichs. Aber sie ist auch seit Tausenden von Jahren als „Wunderbaum" bekannt. Ihr Geheimnis liegt in ihrem Samen. Mehr als die Hälfte davon besteht aus einem reichhaltigen Öl, aber er enthält auch eine Substanz namens Rizin, die ihn vor dem Verzehr schützen soll. Rizin ist ein Protein, das beinahe für alle Tiere giftig ist (und in geringeren Mengen auch in den Blättern der Pflanze vorkommt). Das Gift, einmal geschluckt, legt die Proteinsynthese der Zellen lahm, ohne die sie nicht lebensfähig sind. Sie gehen zu Grunde.

Menschen sterben einen langsamen Tod, der mit Krämpfen und Leberversagen einhergeht. Bislang gibt es kein Gegenmittel. Die meisten Rizinvergiftungen entstehen durch versehentlich verzehrte Samen. Auch eine Injektion ist tödlich, wie im berühmten Fall des ermordeten bulgarischen Dissidenten und Schriftstellers Georgi Markov. Am 11. September 1978 wartete er in London an der Bushaltestelle Waterloo Station, als ihn jemand mit einem Regenschirm stach. Vier Tage später starb Markov qualvoll. In seinem Körper wurde ein winziges Metallkügelchen gefunden, das vermutlich mit Rizin präpariert worden war.

Das Öl der Samen ist leicht extrahierbar und diente mindestens 4 000 Jahre lang als Lampenöl, zur Herstellung von Seife und als Medizin (etwa als Abführmittel). Heute wird es auch industriell genutzt, zum Beispiel zur Herstellung von Schmiermitteln, Textilfarben, Druckertinten, Wachsen, Polituren, Kerzen oder Farbstiften. Vielleicht könnte Rizin in Zukunft als Wirkstoff gegen Krebs eingesetzt werden.

| | |
|---|---|
| **NAME** | **Rizinus** *Ricinus communis* |
| **LEBENSRAUM** | weltweit; Ursprung unbekannt, wahrscheinlich Äthiopien |
| **FÄHIGKEIT** | produziert das tödliche Gift Rizin |

Der größte Blutsauger ist nicht etwa die in Mittel- und Südamerika heimische Vampirfledermaus. Genau genommen saugt sie nämlich kein Blut – sie trinkt es. Ihre Opfer sind große Säugetiere – Kühe, Schweine, Pferde – denen sie in die Haut ritzt und das Blut aufleckt. Mit 6,5 bis 9 Zentimeter ist der Körper der Vampirfledermaus nicht besonders groß. Deshalb verzehrt sie auch kaum mehr als ein paar Teelöffel Blut pro Nacht. Allerdings bluten die Wunden auf Grund des Gerinnungshemmers im Speichel der Fledermaus noch eine Zeit lang, nachdem sie weggeflogen ist.

Der größte Egel der Welt, bis zu 46 Zentimeter lang, saugt dagegen wirklich Blut. Wenn er hungrig ist, kann er bis zum Vierfachen seines eigenen Körpergewichts zu sich nehmen, ehe er satt ist. Da ein Egel rund 50 Gramm wiegt – der Rekord liegt bei 80 Gramm – , wäre das in jedem Fall viel mehr als ein paar Teelöffel Blut. Wie die Vampirfledermaus hat es auch der Egel auf Großsäuger abgesehen. Meist befällt er sie, wenn sie an Wasserstellen trinken. Auch er hält ihr Blut mit Hilfe eines Gerinnungshemmers flüssig. Außerdem injiziert er ein lokales Betäubungsmittel, so dass die Opfer ihre Wunde gar nicht bemerken.

Alle Egel gehören zu den Ringelwürmern – ihre engsten Verwandten sind Regenwürmer. Unabhängig von ihrer Größe bestehen sie aus genau 32 Segmenten („Ringeln"). Ein paar Segmente am Ende des Egels sind zu Saugwerkzeugen umgeformt, mit denen er sich an seiner Beute festheftet. Jedes Segment hat sein eigenes unabhängiges Nervenzentrum, ein Egel besitzt also sozusagen 32 Minihirne.

# Der größte Blutsauger

| | |
|---|---|
| NAME | **Riesenegel** *Haementeria ghilianii* |
| LEBENSRAUM | Amazonasbecken |
| FÄHIGKEIT | nimmt bis zum Vierfachen seines eigenen Gewichts an Blut auf |

# Der feinste Geruchssinn

Viele Tiere verlassen sich auf ihren Geruchssinn, um Futter, einen Partner oder einfach nur ihren Weg zu finden. Oft leben sie unter Bedingungen, bei denen andere Sinne kaum zu gebrauchen sind: Augen sind nicht besonders hilfreich, wenn man die meiste Zeit im Dunkeln haust, Ohren machen in einer lauten Umgebung keinen Sinn. In solchen Fällen ist der Riechsinn deshalb besonders wichtig.

Einige Tiere, etwa Haie, besitzen einen hoch spezialisierten Riechsinn. Sie werden nicht umsonst „schwimmende Nasen" genannt. Ihre Geruchsrezeptoren sind in der Lage, minimale Konzentrationen von Fischextrakten, Blut oder anderen Substanzen wahrzunehmen. Ähnlich empfindlich sind auch die Rezeptoren manch anderer Tiere. Einige Welse zum Beispiel haben einen Super-Riecher, mit dem sie einen Stoff in einer Verdünnung von eins zu zehn Milliarden wahrnehmen können.

Doch die Rekordhalter im Riechen sind vermutlich Motten, besonders die Männchen. Ihre Antennen sind ganz auf die Sexuallockstoffe (Pheromone) der Weibchen eingestellt. Anhand dieser können die Männchen sogar wahrnehmen, ob eine Artgenossin zur Eiablage bereit ist. Manche Weibchen setzen unvorstellbar geringe Mengen dieser Lockstoffe frei, um sicherzugehen, dass nur Männchen mit den allerfeinsten Antennen sie aufspüren können. Den Rekord für den besten bislang bekannten Geruchssinn hält die Polyphemus-Motte: Ein einziges Molekül des weiblichen Duftstoffs auf der Antenne eines Männchens reicht aus, um in seinem Hirn eine Reaktion auszulösen.

**NAME** **Polyphemus-Motte** *Antheraea polyphemus*

**LEBENSRAUM** Nordamerika

**FÄHIGKEIT** Männchen orten ein Weibchen auf Grund eines einzigen Duftmoleküls

Wenn Sie ein Hydrofon unter Wasser halten in einer Region, wo Buckelwale sich zur Paarung treffen, werden Sie ein verblüffendes Gemisch aus Stöhnen, Ächzen, Schnarchen, Quietschen und Pfeifen hören. Das sind die quälendschönen Geräusche der Buckelwal-Männchen, die für ihre langen und komplexen Lieder berühmt sind. Da fast nur in Paarungsgewässern gesungen wird, dienen sie vermutlich dem Anlocken von Weibchen und dem Abschrecken von Rivalen. Die Gesänge könnten aber auch subtilere Bedeutungen haben, die wir bislang noch nicht kennen.

Das Lied eines Buckelwals kann bis zu einer halben Stunde dauern. Kaum ist es vorbei, beginnt der Wal von vorn und singt das ganze Lied noch einmal. Jedes Lied enthält mehrere Hauptkomponenten (Phrasen), die immer in derselben Reihenfolge gesungen und mehrmals wiederholt werden. Es wird aber auch immer wieder verändert und verfeinert. Alle Buckelwale einer Region singen in etwa das gleiche Lied, wobei sie die Improvisationen von anderen Männchen übernehmen. Das heißt, ein Lied, das man einmal gehört hat, klingt ein paar Monate später schon ziemlich anders. Auf diese Weise ändert sich die gesamte Komposition über einen Zeitraum von mehreren Jahren.

In anderen Regionen singen die Buckelwal-Bullen ohnehin völlig anders. Wahrscheinlich summen sie alle über Freud und Leid im Leben. Die Unterschiede sind jedoch so gravierend, dass Experten die Herkunft eines Wals bestimmen können, indem sie einfach nur den Besonderheiten seines Lieds lauschen.

# Der leidenschaftlichste Sänger

| | |
|---|---|
| **NAME** | **Buckelwal** *Megaptera novaeangliae* |
| **LEBENSRAUM** | alle Weltmeere |
| **FÄHIGKEIT** | singt die längsten und komplexesten Lieder des Tierreichs |

# Die gruseligste Zunge

Er ist wahrscheinlich der weltweit am meisten spezialisierte und gruseligste Isopode – so heißt eine Gruppe der Krebstiere, die mit den Kellerasseln verwandt sind. Die meisten Isopoden ernähren sich ganz normal von Pflanzen, Tieren oder Aas, aber einige sind Parasiten. *Cymothoa exigua* zum Beispiel neigt dazu, das Maul eines Schnapperfisches als seine Spielwiese zu betrachten.

Erst heftet er sich mit seinen hakenbewehrten Beinchen an der Fischzunge fest, dann beginnt er den Schleim, das Blut und das Gewebe zu fressen – bis er schließlich die ganze Zunge verzehrt hat. Nun hakt er sich am Zungenstumpf fest und wird praktisch zur Zunge des Fischs. Er ernährt sich von den Fleischbröckchen, die im Maul anfallen, wenn der Fisch selber frisst, und wächst mit seinem Wirt. Der größte Isopode, der je vermessen wurde, war 39 Millimeter lang, aber vermutlich kann er die Größe erreichen, die der Fisch für seine Zunge braucht.

Vielleicht ist diese Praktik auch nicht so abschreckend wie sie scheint, weil der Schnapper weiterhin fressen kann. Aber niemand weiß, ob nicht vielleicht eines schönen Tages der Isopode den Fisch verlässt, um das Blut im Maul eines anderen Schnappers zu probieren. Seltsamerweise wurde die Beziehung zwischen dem Fisch und seinem Parasiten nur im Golf von Kalifornien, auch Mar de Cortés genannt, beobachtet, obwohl der Fisch im gesamten östlichen Pazifik, von Mexiko bis Peru, vorkommt. Es ist das einzig bekannte Beispiel eines Parasiten, der nicht nur das Organ seines Wirts ersetzt, sondern auch dessen Funktion: die Beute festzuhalten.

| | |
|---|---|
| **NAME** | **Isopode** *Cymothoa exigua* |
| **GRÖSSE** | bis zu vier Zentimeter lang |
| **FÄHIGKEIT** | frisst die Zunge eines Schnapperfisches und imitiert sie dann |

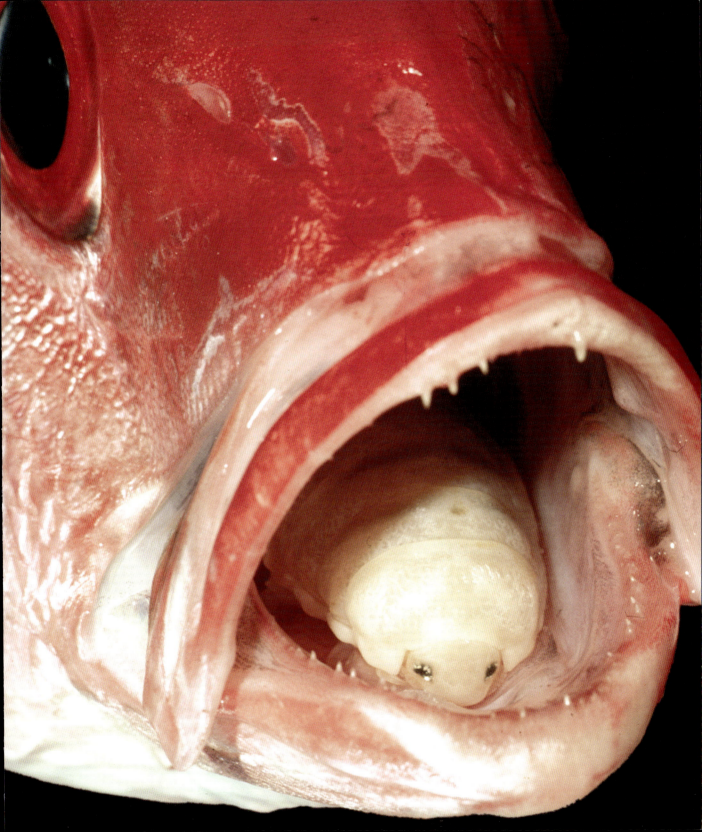

# Der Vogel mit dem größten Forscherdrang

**NAME**    **Kea** *Nestor notabilis*
**LEBENSRAUM**    Neuseeland
**FÄHIGKEIT**    Neugierde

Papageien sind außerordentlich neugierige Tiere, aber selbst unter Papageien bilden Keas eine Ausnahme. Sie leben auf Neuseelands Südinsel: ein kalter Ort mit schneereichen Regionen, der gar nicht für Papageien geeignet ist und wo Keas ihren ganzen Verstand einsetzen müssen, um etwas Essbares zu finden. Papageien fliegen sonst von einer weithin sichtbaren Frucht zur anderen. Keas dagegen müssen mühsam unter Steinen, Rinden und in Büschen suchen, um Wurzeln, Sprösslinge, Beeren oder Insektenlarven zu finden. Das und ein bergiger Lebensraum ohne Feinde hat sie im Lauf ihrer 2,5 Millionen Jahre währenden Evolution mit einer unstillbaren Neugierde ausgestattet. Als dann die ersten Menschen nach Neuseeland kamen, bedeuteten sie für die Keas eine neue Quelle, deren Objekte sie auf Nahrung untersuchen konnten.

Heutzutage üben Campingplätze und Ski-Resorts auf Kea-Papageien eine unwiderstehliche Faszination aus. Die Tiere sind groß, sie haben kräftige Schnäbel und können eine Zeltwand mit einem Hieb aufreißen, nur weil sie wissen wollen, was sich dahinter verbirgt. Eine noch größere Verlockung sind Gummiteile von Autos, besonders die Scheibenwischer. Eine Gruppe von Keas soll sogar so dreist gewesen sein, an einem geparkten Touristenauto die Gummidichtung der Windschutzscheibe herauszureißen. Die Scheibe fiel nach innen und öffnete den Keas den Weg in den Wagen. Als die Besitzer zurückkehrten, fanden sie Kleidung, Essensvorräte und Autoteile im Schnee verstreut, während die Keas mit einer leeren Coladose so etwas wie Fußball spielten. Die Vögel zogen sich dann zurück und beobachteten mit größter Neugierde, was die Touristen nun wohl machen würden.

EXTREME **FÄHIGKEITEN**

# Der größte Medizinkonsument

| | |
|---|---|
| **NAME** | **Schimpanse** *Pan troglodytes* |
| **LEBENSRAUM** | Wälder in Ost-, West- und Zentralafrika |
| **FÄHIGKEIT** | heilt sich selbst |

Ja, wir Menschen sind die größten Medikamentenkonsumenten. Aber wir sind nicht die Einzigen und entdecken erst jetzt das pharmazeutische Wissen der Tiere, allen voran des Schimpansen. Auch er bekommt Magenschmerzen, wenn er zu viel gefressen oder etwas nicht vertragen hat. Außerdem kann er unter Parasiten oder Krankheiten leiden, und dann geht es ihm richtig schlecht.

Es ist nicht überraschend, dass ein so intelligenter Primat wie der Schimpanse medizinische Wirkstoffe nutzt – zumal sein Lebensraum voll davon ist. In Tansania wurden Schimpansen, die unter Durchfall litten, beobachtet, wie sie die Blätter des „Bitterblatt-Baumes" aßen. Die Einheimischen setzen seine Wirkstoffe als Heilmittel gegen Malaria, Amöbenruhr oder Darmparasiten ein. In anderen Ländern sah man Schimpansen, die spezielle raue Blätter pflückten, sie sorgsam zusammenfalteten, in ihrem Maul hin- und herrollten und schließlich schluckten. Mit den ausgeschiedenen Blättern kamen auch Wurmparasiten zum Vorschein.

Viele andere Tiere scheinen sich ebenfalls selbst zu heilen. Kapuzineräffchen bestreichen ihr Fell mit speziellen Pflanzen, die insektenabwehrende Substanzen beinhalten. Schwarze Lemuren reiben sich mit einem Giftstoff von Tausendfüßlern ein, der Insekten sogar tötet. Eine trächtige Elefantenkuh frisst kurz vor der Niederkunft wehenfördernde Blätter. Angesichts unseres Bedarfs an neuen Antibiotika und anderen Heilmitteln zeigen uns diese Beispiele, wie wichtig es ist, die natürlichen Apotheken der Erde vor der Zerstörung zu schützen.

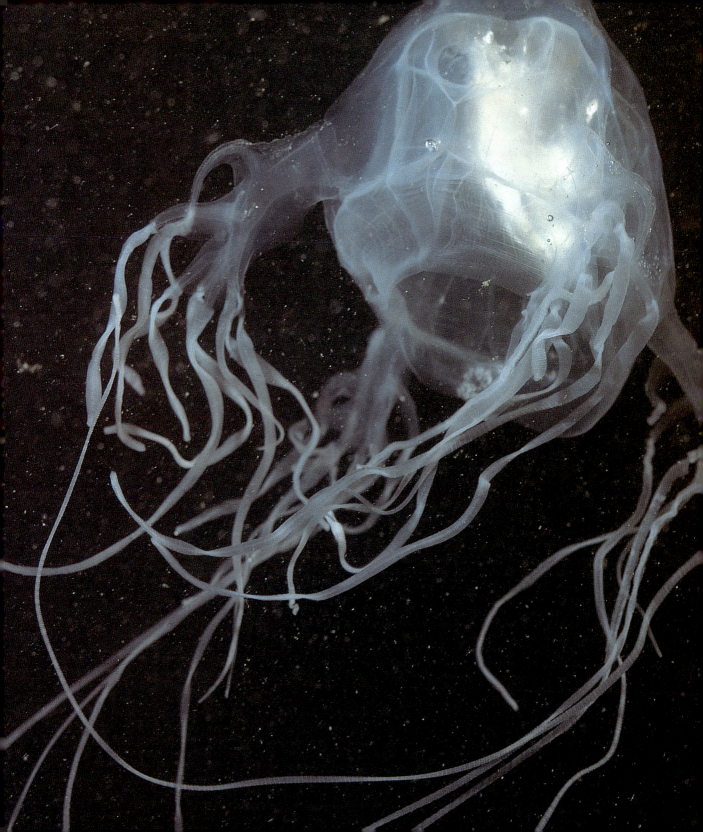

Es heißt, die Würfelqualle sei das giftigste Tier der Erde. Und für viele Menschen endete die Begegnung mit ihr tödlich. Auch wenn Würfelquallen Menschen nicht mit Absicht töten, so sind sie doch Jäger. Eine erwachsene Vertreterin ihrer Art – ihr Körper ist so groß wie der Kopf eines Menschen, ihre Tentakel sind bis zu 4,60 Meter lang – jagt hauptsächlich Fisch. Sie erlegt ihn mit Hilfe ihrer Nesselzellen, auch Nematozysten genannt. Im Gegensatz zu vielen anderen Quallen kann die Würfelqualle sich bei der Suche nach Beute aktiv fortbewegen. Da sie durchsichtig ist, können Fische (und Menschen) ihre tödlichen Tentakel nicht sehen.

Die Würfelqualle besitzt vier Bündel mit jeweils rund zehn Tentakeln, die meist über zwei Meter lang sind und von denen jede um die drei Millionen Nematozysten trägt. Das Gift blockiert die Herzmuskulatur und das Nervensystem, außerdem zerstört es das Gewebe. Deshalb stirbt ein Beutefisch schneller, als er entkommen könnte. Wenn ein Mensch in die Tentakel gerät und gestochen wird, leidet er höllische Schmerzen. Ohne Gegengift kann das Opfer innerhalb weniger Minuten an Herzversagen sterben. Selbst abgerissene Tentakel sind noch gefährlich, weil die Nematozysten bei Berührung reagieren. Seltsamerweise können sie aber keine Nylonstrumpfhosen durchdringen. Solange es noch keine Schutzanzüge gegen Würfelquallen gibt, tragen die Lebensretter an den australischen Stränden daher Damenstrumpfhosen – ohne sich dafür zu genieren.

# Der schmerzhafteste Stich

| | |
|---|---|
| **NAME** | **Würfelqualle** *Chironex fleckeri* |
| **LEBENSRAUM** | manche Küstengewässer vor Australien und Südostasien |
| **FÄHIGKEIT** | verursacht schlimmste Schmerzen, oft mit tödlichem Ausgang |

# Die rutschigste Falle

**NAME**   **Kannenpflanzen** *Nepenthes spec.*
**LEBENSRAUM**   Südostasien
**FÄHIGKEIT**   fängt Beute in rutschigen, tödlichen Behältern

Es gibt viele verschiedene Arten von Kannenpflanzen, aber alle besitzen Insektenfallen mit den rutschigsten Wänden. Um zu blühen und Samen zu bilden, brauchen sie Stickstoff, und deshalb fangen sie Insekten. Die Blätter der Rankpflanze *Nepenthes* sind zu Fallgruben umgewandelt, die am Boden eine Flüssigkeit mit Verdauungsenzymen enthalten. Als Lockmittel dient die Farbe (meist rot) oder der Geruch (nach Nektar oder später nach sich zersetzenden Insekten). Wenn ein Insekt auf dem Rand der Kannenfalle landet, rutscht es sofort in die tödliche Brühe – möglicherweise berauscht vom narkotisierenden Nektar.

Diese Rutschigkeit wird auf zweierlei Weise erreicht, je nachdem ob *Nepenthes* laufende Insekten am Boden fängt oder fliegende Insekten in der Baumkrone. Die Innenfläche der Pflanze ist mit einer glatten Wachsschicht überzogen. Manche sind sogar mit einem wässrigen Film ausgekleidet, auf dem die Insekten in den Tod rutschen. Bei anderen sind die Kannen anfangs trocken und locken mit ihrem Nektar Ameisen an. Da denen nichts passiert, informieren sie ihre Artgenossen über die neu entdeckte Futterquelle. Diese machen sich auf den Weg, aber wenn sie ankommen, sind die Wände der Kannenpflanze feucht und rutschig – die Ameisen fallen alle hinein.

Eine *Nepenthes*-Art lebt allerdings mit einer Ameisenart in Partnerschaft. Deren Vertreter haben speziell angepasste Füße, mit denen sie die rutschigen Innenwände erklimmen können. Sie holen die Insektenkadaver aus der Kannenpflanze, um sie zu fressen. Da die Reste wieder in die Pflanze zurückfallen, wird der für sie wichtige Stickstoff schneller freigesetzt.

# Der größte Trinker

Zu sagen, die Breitschwanzelfe saufe wie ein Kamel, wäre eine grobe Untertreibung. Im Verhältnis zu ihrem Körpergewicht trinkt sie viel mehr als ein Kamel. Das liegt an einigen Besonderheiten der Blütenpflanzen, die sie besucht. Kolibris sind darauf spezialisiert, Nektar zu trinken, und die Blumen sind darauf spezialisiert, diesen Nektar bereitzuhalten. Er besteht meist aus 30 Prozent Zucker, der große Rest ist Wasser. Kolibris schlagen ihre Flügel so schnell, dass das menschliche Auge die Bewegung nicht mehr wahrnehmen kann. Dafür brauchen sie eine Menge Energie in Form von Zucker. Um diesen aus dem Nektar gewinnen zu können, müssen sie zwangsläufig eine Menge Wasser aufnehmen: pro Tag bis zum Fünffachen ihres eigenen Körpergewichts.

Falls irgendein anderes Lebewesen, einschließlich des Menschen, versuchen würde, nur so viel wie sein eigenes Körpergewicht zu trinken, wäre es schon tot, bevor es ausgetrunken hätte. Deshalb haben Kolibris nicht nur einen langen, schmalen Schnabel entwickelt, der in Blütenkelche mit wässrigem Nektar hineinpasst, sondern zugleich auch Nieren, die mehr Arbeit leisten als alle anderen Nieren im Tierreich. Ein Teil des Wassers passiert den Vogel unverändert, aber 80 Prozent laufen durch die Nieren und werden als stark verdünnter Urin wieder ausgeschieden. Die Breitschwanzelfe ist der Vogel mit dem höchsten Energieumsatz – und deshalb auch der, der am meisten trinkt.

**NAME** **Breitschwanzelfe** (eine Kolibri-Art)
*Selasphorus platycercus*
**LEBENSRAUM** Nordamerika
**FÄHIGKEIT** trinkt bis zum Fünffachen seines Körpergewichts

44  EXTREME FÄHIGKEITEN

# Der beste Tarn-künstler

**NAME** „Mimik-Oktopus"

**LEBENSRAUM** Malaiischer Archipel

**FÄHIGKEIT** verwandelt sich in beinahe jedes andere Tier, um nur nicht wie ein Oktopus auszusehen

Für einen mittelgroßen Räuber gehört ein Tintenfisch zur begehrtesten Beute des Ozeans. Er ist gehaltvoll und fleischig, frei von Schalen, Knochen, Gräten, Giften oder anderen Verteidigungsmechanismen. So bleibt den meisten Tintenfisch-Arten gar nichts anderes übrig, als sich tagsüber gut zu verstecken und erst nachts auf die Jagd zu gehen.

Zwei australische Fotografen waren deshalb sehr überrascht, Anfang der 1990er Jahre vor der indonesischen Insel Flores mitten am Tag einen Oktopus im durchsonnten Flachwasser zu entdecken. Zuerst sahen sie allerdings nur eine Flunder. Sie mussten zweimal hingucken, um zu erkennen, dass es sich um einen mittelgroßen Oktopus handelte. Er hatte seine acht Arme zusammengelegt und starrte mit den Augen nach oben, um die Illusion eines Fischkörpers zu erzeugen. Oktopusse haben ein großes Gehirn, ein exzellentes Sehvermögen und die Fähigkeit, Form und Farbe zu verändern. Der Oktopus vor Flores nutzte all diese Hilfsmittel, um sich in ein komplett anderes Tier zu verwandeln.

Inzwischen wurden viele seiner Artgenossen entdeckt und fotografiert. Die Motive sind so zahlreich, wie es Tiere im Meer gibt: Oktopusse als Seeschlangen (sechs Arme in einem Loch versteckt, während sich zwei Arme schlangenartig im Wasser bewegen), als Einsiedlerkrebse, Stachelrochen, Schlangenhaarsterne, Seegurken, Gespensterkrabben. Oktopusse als Fangschreckenkrebse, Schleimfische, Quallen, Feuerfische und Anemonen. Während sie sich tarnen, jagen sie – ein ziemlich bizarres Spektakel. Oder haben Sie schon einmal eine Flunder gesehen, die plötzlich einen Oktopusarm entwickelt, ihn in ein Loch steckt, um zu fangen, was immer sich dort versteckt hält?

EXTREME FÄHIGKEITEN

Ein Tier, das den Blauwal (siehe Seite 198) angreift oder tötet – das größte Tier, das je auf Erden gelebt hat –, muss der gefährlichste Räuber von allen sein (vom Menschen einmal abgesehen). Aber Blauwale sind friedliche Kreaturen, die sich außer durch ihre schiere Größe nicht verteidigen können. Welches Potenzial der Killerwal hat, zeigt sich vielleicht besser daran, dass er es auch mit dem gefürchteten Weißen Hai aufnimmt – und ihn umbringen kann. Mit einer Länge von bis zu neun Metern sind Killerwale die größten Mitglieder der Delphinfamilie und gehören zu den größten Räubern überhaupt. Doch das eigentlich Sensationelle ist, dass sie im Rudel jagen und auf diese Weise auch größere Tiere als sie selbst erlegen.

Je nach Lebensweise unterteilt man Schwertwale, wie Killerwale auch genannt werden, in verschiedene Gruppen: „Sesshafte" oder „Nomaden" in Küstengewässern und Schwertwale auf hoher See. Sie unterscheiden sich in Aussehen, Verhalten, in der Gruppengröße und in ihrer Ernährung. Die Nomaden haben sich auf größere Beutetiere spezialisiert, obwohl sie in kleineren Gruppen (sechs bis sieben Exemplare) leben als ihre fischfressenden, sesshaften Verwandten (15 bis 30 Wale). Die Nomaden beherrschen verschiedene, oft geniale Jagdtechniken für verschiedene Beutetiere. In der Antarktis beispielsweise fangen sie Robben oder Pinguine von den Eisschollen weg, in Patagonien werfen sie sich selbst in abenteuerlichen Manövern an den Strand, um Seelöwenbabys aus dem Spülsaum zu schnappen.

Als baskische Walfänger Schwertwale dabei beobachteten, wie sie sich von den Überbleibseln getöteter Wale ernährten, nannten sie die Tiere „Walmörder", und dieser Name blieb in abgewandelter Form bis heute erhalten. Viele Leute bevorzugen das politisch korrekte „Orca", aber *orcus* bedeutet auf Latein „der aus dem Totenreich stammt". Und das ist auch nicht besser.

# Der meist- gefürchtete Killer

| | |
|---|---|
| **NAME** | **Schwert-, Killerwal** oder **Orca** |
| | *Orcinus orca* |
| **LEBENSRAUM** | Ozeane weltweit |
| **FÄHIGKEIT** | jagt in der Gruppe die größten Tiere der Welt |

# Der beste Architekt

**NAME** **Kriegerische Termite**
*Macrotermes bellicosus*
**LEBENSRAUM** Afrika südlich der Sahara
**FÄHIGKEIT** baut vielstöckige Gemeinschaftshäuser
mit Klimaanlage

Etwa 200 Ameisenarten – darunter die berüchtigten Blattschneiderameisen – züchten in ihren Nestern Pilze für die schnelle Mahlzeit zwischendurch. Das Gleiche machen rund 3500 Käfer- und 330 Termitenarten. Aber von all diesen Insekten baut niemand einen anspruchsvolleren Pilz an als die Kriegerische Termite, und niemand gebraucht eine so aufwendige Technologie. Der Grundnahrungspilz dieser Termite gedeiht nur auf ihrem Kot, und das auch nur bei einer ganz speziellen Temperatur: Alles, was über oder unter 30,1 Grad liegt, ist entweder zu heiß oder zu kalt. Deshalb ist jedes Detail des Termitenhügels darauf abgestimmt, genau diese Temperatur zu halten.

Termiten bauen immer mit Schlamm über einer feuchten Grube. Sie graben mindestens zwei Bohrlöcher, um das Grundwasser zu erreichen. Außerdem bauen sie einen ein Meter tiefen Keller von drei Meter Durchmesser mit einem Grundpfeiler in der Mitte, der den Hauptteil des Hügels stützt. Im Keller wohnt die Königin. Dort sind auch die Kinderstube und die berühmten Farmen untergebracht. An der Decke des Kellers verlaufen Kondensationsrinnen, an den Seiten des Hügels Lüftungskanäle. Oben drauf thronen sechs Meter hohe, hohle Türme – die Schornsteine. Mit all diesen Details erreichen die Termiten genau die Zirkulation von Luft und Feuchtigkeit, die dem Pilz eine konstante Temperatur von 30,1 Grad bietet – ganz egal, welche Temperatur draußen herrscht. Noch erstaunlicher ist, dass die Arbeiter maximal zwei Zentimeter groß sind und ihr Gebäude, relativ betrachtet, höher ist als jedes Bauwerk des Menschen: Es entspricht 180 Stockwerken.

EXTREME FÄHIGKEITEN 51

Potenziell ist jeder Baum gefährlich, denn er könnte umstürzen und dabei auf einen Menschen fallen. Viele Bäume haben zudem giftige Blätter oder Früchte. Aber davon einmal abgesehen, gibt es auch Bäume, die man nur zu streifen braucht, und schon verursachen sie entsetzliche Schmerzen. Das sind „stechende" Bäume, die es in verschiedenen Teilen der Erde gibt. Die schlimmsten von ihnen wachsen im Land der giftigsten Gifte – Australien. Dort gibt es sechs *Dendrocnide*-Arten. Zwei davon sind große Bäume, die anderen vier eher Sträucher. Die Art, die nachhaltig die schlimmsten Schmerzen zufügt, ist ein Strauch: die Australische Brennnessel.

Was zuerst wie eine Fellschicht aussieht, die alles mit Ausnahme der Wurzeln überzieht, ist in Wirklichkeit eine Schicht aus winzigsten Glasfasern, die wie Injektionsnadeln wirken und mit toxischen Chemikalien gefüllt sind. Selbst eine nur flüchtige Berührung führt dazu, dass die Haut von diesen Fasern durchbohrt wird, und es ist unmöglich, sie wieder herauszuziehen. Das Gift bewirkt, dass die Haut zu brennen beginnt, juckt und anschwillt. Manchmal bilden sich auch Blasen, die – so heißt es – am schwersten direkt nach dem Kontakt zu ertragen sind. Sie können aber auch noch jahrelang Schmerzen bereiten. Die Fasern durchdringen fast jede Kleidung, manchmal befinden sie sich auch in der Luft und werden eingeatmet. Kurioserweise gibt es Tiere, denen die Blätter nichts ausmachen. Insekten und einige einheimische Säugetiere fressen sie sogar. Am meisten leiden die Lebewesen, die relativ neu auf dem Kontinent sind: Hunde, Pferde und Menschen.

# Die bedrohlichsten Blätter

NAME **Gympie** oder **Australische Brennnessel** *Dendrocnide moroides*

LEBENSRAUM Australien

FÄHIGKEIT verteidigt sich mit giftigen Chemikalien

# Der lauteste Vogelruf

**NAME**   **Eulenpapagei** oder **Kakapo** *Strigops habroptilus*
**LEBENSRAUM**   Neuseeland
**FÄHIGKEIT**   erzeugt einen Brummton, der bis zu fünf Kilometer weit zu hören ist

Welcher Vogel der lauteste ist, hängt davon ab, wer ihn hört und von wo. Das Lied einer Nachtigall ist mit 90 Dezibel lauter als der Straßenverkehr, so dass längeres Hören einem Menschen theoretisch das Ohr schädigen könnte. Das Gleiche gilt für den noch lauteren, schrillen 115-Dezibel-Schrei eines Kiwi-Männchens oder die metallischen „bonks" des zentralamerikanischen Glockenvogels, die den dichten Regenwald durchdringen sollen. Das vielleicht beste Langstrecken-Geräusch ist aber ein tiefer Brummton.

In Europa hält die Rohrdommel den Brummrekord. Aber der Weltrekordhalter ist wahrscheinlich der neuseeländische Eulenpapagei, der auf den beiden Hauptinseln schon ausgestorben ist. Trotz großer Schutzanstrengungen existieren von dieser Art leider nicht mal mehr 90 Individuen. Alle drei oder vier Jahre versammeln sich die normalerweise einzeln lebenden Männchen in traditionellen Kakapo-Arenen, Schauplätze mit ausgehobenen Mulden. Hier blasen die Männchen ihre Luftsäcke in Brust und Bauch auf und beginnen mit ihrem „Brummen". Durchschnittlich 1000-mal die Stunde, sechs bis sieben Stunden pro Nacht (Kakapos sind nachtaktiv, und Geräusche sind in der kalten Nachtluft weit zu hören) – drei bis vier Monate lang. Die Männchen locken mit ihren Rufen Weibchen an, damit sie sich die Balztänze ansehen und sich mit ihnen paaren. Da von diesem riesigen, flugunfähigen Papagei nur noch wenige Tiere auf ein paar abgelegenen Inseln existieren, wird kaum ein Mensch je ihr unheimliches „Nebelhorn"-Brummen hören.

Faszinierenderweise sind die Balzrufe der australasiatischen Kasuare beinahe genauso laut und haben ein zusätzliches Langstrecken-Element: eine Komponente in einer tiefen Frequenz, die wir zwar nicht hören können, wohl aber fühlen. Vermutlich enthält auch das Kakapo-Brummen einen ultratiefen Frequenzton, aber da die Vögel so selten sind, steht eine umfassende Analyse noch aus.

EXTREME **FÄHIGKEITEN**   55

# Der tödlichste Speichel

Der Komodowaran ist ein berühmter Riese: Männchen sind im Durchschnitt 2,20 Meter lang, einige messen sogar bis zu 3,10 Meter. Die längste Echse von allen ist jedoch ein viel schlankerer Verwandter, der Papuawaran auf Neuguinea, mit bis zu 2,70 Meter, wobei der Schwanz zwei Drittel der Länge ausmacht.

Auf jeden Fall aber ist der Komodowaran die schwerste Echse von allen, mit einem durchschnittlichen Gewicht von 60 Kilogramm (maximal 80 Kilogramm). Er ist ein furchterregender Räuber mit großen, scharfen, gezackten Zähnen. Aber seine eigentliche Waffe ist der bakterienbeladene Speichel. Einmal gebissen, kann das Opfer vielleicht noch entkommen, aber innerhalb von ein paar Tagen wird es einer tödlichen Infektion erliegen. Mit seinem guten Geruchssinn spürt der Drache es dann wieder auf. Dieser Sinn macht ihn auch zu einem effizienten Aasvertilger.

Auch wenn er nach heutigem Maßstab ein Riese ist – verglichen mit einem seiner Vorfahren auf der Hauptinsel Flores scheint er ein Zwerg. (Dort lebten noch weitere „Zwerge", beispielsweise eine Elefantenart, die heute ausgestorben ist und von der man annimmt, dass sie zum Beutespektrum des Komodowarans gehörte.) In Australien lebte einst ein wirklicher Riese, der 6,90 Meter lange und 617 Kilogramm schwere Monsterwaran *Megalania prisca*, der vor rund 40 000 Jahren ausgestorben ist. Der Komodo-Drache stellt für Menschen nur eine geringe Bedrohung dar. Er beißt höchstens, wenn man ihn in die Enge treibt. Aber vor *Megalania*, egal ob sein Speichel tödlich war oder nicht, hätte man sehr, sehr große Angst haben müssen.

| | |
|---|---|
| **NAME** | **Komodowaran** *Varanus komodoensis* |
| **LEBENSRAUM** | Komodoinsel, Rinca, Gili Motang, Gili Dasami und Flores (Indonesien) |
| **FÄHIGKEIT** | produziert gefährlichen, bakterienverseuchten Speichel |

Ein Sägefisch hat äußere Zähne, die seine empfindliche, flache Schnauze umgeben: die Säge (auf dem Foto links von der Unterseite zu sehen). In einem Fischschwarm hin- und hergeschwungen, erweist sich die Säge als effiziente Waffe, um etwa Meeräschen oder Heringe durch Aufschlitzen tödlich zu verletzen. Seine Beute verzehrt der Sägefisch dann vom Meeresgrund. Grundsätzlich ist er aber ein langsames, friedliches Tier, das in seichten und trüben Gewässern lebt und mit der Säge den Schlamm nach Krebsen oder anderer Beute durchwühlt. Von all dem Stöbern und Graben nutzen seine Sägezähne zwar ab, wachsen aber immer wieder nach, so dass seine Säge niemals stumpf wird.

Wie seine engen Verwandten, die Rochen, ist der Sägefisch am Meeresboden perfekt getarnt, und wie seine etwas entfernteren Verwandten, die Haie, schwimmt er leicht schlängelnd durchs Wasser. Wie beide Gruppen gehört auch er zu den Knorpelfischen: Sein Skelett besteht aus Knorpel, nicht aus Knochen, seine Zähne sind umgewandelte Hautschuppen. Eine weitere Gemeinsamkeit sind die so genannten Lorenzinischen Ampullen auf seiner Säge und dem Kopf - spezielle Zellen, mit deren Hilfe er die elektrischen Felder potenzieller Beutetiere wahrnehmen kann.

Sägefische sind „Lebendgebärende", das heißt, die Jungen schlüpfen bereits im Mutterleib. Zum Glück steckt deren Säge bei der Geburt in einem „Futteral". Sägefische leiden unter der Meeresverschmutzung und Überfischung, sie sind gefährdet. Die Säge nützt ihrem Träger nicht nur, sie schadet ihm auch. Bei Sammlern ist sie eine begehrte Trophäe. Vor allem aber verfängt der Sägefisch sich mit ihr in Fischernetzen und geht dann elendig zu Grunde.

# Der sensibelste Schlitzer

| | |
|---|---|
| NAME | **Sägefisch** *Pristis spec.* |
| LEBENSRAUM | flache, warme Küstengewässer |
| FÄHIGKEIT | benutzt seine Säge zum Schlitzen und Sieben |

Was für uns schlecht riecht, ficht andere Lebewesen oft gar nicht an. Im Gegenteil, der faule Geruch der Titanenwurz – mit der größten und wahrscheinlich schwersten Blütenkonstruktion der Erde – wirkt auf Aaskäfer und Bienen sogar anziehend. Ob er für uns wirklich der schlimmste Geruch ist, muss noch getestet werden (es gibt weitere Kandidaten für diesen Titel, darunter die noch größere Riesenwurz *A. gigas*). Die Titanenwurz erzeugt allerdings einen so üblen Gestank, dass manche Menschen davon ohnmächtig werden.

Die „Blüte" besteht aus einem vasenförmigen, fransigen Blatt, das mindestens 1,20 Meter hoch ist. Es wächst relativ schnell aus einer bis zu 80 Kilogramm schweren Knolle. Aus der Mitte des Blattes sprießt dann der Blütenstand, ein etwa zweieinhalb Meter langer Kolben, der mit Tausenden kleiner Blüten besetzt ist. Seine Spitze produziert den ekelerregenden Geruch. Damit er möglichst weit verbreitet wird, erhitzt sich der Kolben. Nachts kann er sogar dampfen, wenn er für bis zu acht Stunden seine Duftmischung aus Ammoniak, verrottendem Fleisch und faulen Eiern ausstößt.

Das lockt die Bestäuber, aasliebende Insekten, an. Nur wenige Menschen konnten bisher die Bestäubung sehen, wahrscheinlich, weil die Pflanze nur alle drei bis zehn Jahre blüht – für zwei Tage. Wenn die Blüte abgestorben ist und Nashornvögel die Samen weitergetragen haben, wird sie durch ein riesiges, bis zu sechs Meter hohes Blatt ersetzt, bis die Knolle eines Tages wieder eine stinkende Blüte produziert.

# Die übelriechendste Pflanze

| | |
|---|---|
| **NAME** | **Titanenwurz** *Amorphophallus titanum* |
| **LEBENSRAUM** | Westsumatra, Indonesien |
| **FÄHIGKEIT** | setzt den Geruch von verwesendem Fleisch frei |

Die neuseeländischen Chathaminseln waren vermutlich das letzte pazifische Archipel, das von Menschen betreten wurde. Danach geschah, was diese fast immer mit Inseln gemacht haben: Sie zerstörten viel von der ursprünglichen Flora und Fauna. Die Polynesier ließen sich vor rund 700 Jahren dort nieder, die Europäer kamen in den 1790er Jahren an. Seitdem sind 26 der 68 Arten beziehungsweise Unterarten der dort heimischen Vögel ausgestorben, vor allem wegen der eingeführten Säugetiere wie Katzen und Ratten, die besonders dem Chathamschnäpper zu schaffen machten.

Um 1900 war der Vogel von den beiden Hauptinseln verschwunden. Er überlebte nur auf Little Mangere, einem kleinen, windgepeitschten Eiland mit nackten Felsen. Das hielt zwar Räuber fern, bot den Schnäppern aber kaum Schutz vor den Naturgewalten. 1972 gab es dort noch 18 Chathamschnäpper, 1976 nur noch sieben.

Inzwischen hatte die neuseeländische Regierung die Mangere-Insel gekauft und begonnen, sie aufzuforsten. 1980 war die Zahl der Chathamschnäpper auf fünf gesunken, darunter war nur ein Brutpaar. Mit viel Mühe gelang Biologen die Wiederbelebung der Art, indem sie die Eier von Vögeln auf anderen Inseln ausbrüten ließen. Die Jungen kamen durch, und das um ihre Brut betrogene Weibchen legte erneut Eier. Nun gibt es rund 250 Chathamschnäpper, und sie sollen auch auf anderen Chathaminseln wieder angesiedelt werden.

# Das beeindruckendste Comeback

| | |
|---|---|
| NAME | **Chathamschnäpper** *Petroica traversi* |
| LEBENSRAUM | Chathaminseln, östlich der Südinsel von Neuseeland |
| FÄHIGKEIT | Population wuchs von nur fünf auf 250 Tiere innerhalb von 18 Jahren |

# Das heißeste Lebewesen

**NAME** **Pompeji-Wurm** *Alvinella pompejana*
**LEBENSRAUM** hydrothermale Quellen in der Tiefsee
**FÄHIGKEIT** überlebt brühheißes Wasser

Der Pompeji-Wurm lebt in großen Kolonien an einem der dunkelsten, tiefsten, höllischsten Plätze der Erde: in der Nähe von hydrothermalen Quellen, deren Wasser so heiß ist, dass es den Wurm im Nu verbrühen könnte. Außerdem hält er Druckverhältnissen stand, die einen Menschen zermalmen würden, und er wird mit einer Suppe aus giftigem Schwefel und Schwermetallen bespritzt. Kolonien des Pompeji-Wurms leben zwei bis drei Kilometer tief im Meer an so genannten Schwarzen Rauchern. Diese Schornsteine bilden sich über hydrothermalen Quellen. Sie entstehen aus den Chemikalien, die ausfallen, wenn das 300 Grad heiße Wasser aus dem Vulkan mit kaltem Meerwasser zusammentrifft.

Auf so einem Raucher zu überleben, erfordert schon Superwurm-Strategien. Der Wurm lebt in einer hitze- und chemikalienresistenten Höhle. Gegen Hitze schützt er sich durch eine „Decke" aus fädigen Bakterien, die sich von dem zuckerhaltigen Schleim auf seinem Rücken ernähren.

Im Gegensatz zum Röhrenwurm *Riftia pachyptila* hat der Pompeji-Wurm einen Darm und einen ausstülpbaren „Mund", mit dessen Hilfe er den Bakterienrasen auf der Oberfläche der Wurmkolonie abgrast. Aber niemand weiß, wie er den extremen Temperaturen und zugleich großen Temperaturschwankungen trotzt. Das können sonst nur Bakterien. Seinen Kopf (der hauptsächlich aus Kiemen besteht) hält er immerhin vom heißen Wasser fern, aber sein Hinterleib kriegt mehr als 80 Grad heißes Wasser ab. Um die Strategien des Wurms für Menschen nutzbar zu machen, wetteifern Forscher darum, die Geheimnisse seines Überlebens zu lüften.

EXTREME FÄHIGKEITEN

# Der elektrischste Fisch

**NAME** **Zitteraal** *Electrophorus electricus*
**LEBENSRAUM** südamerikanische Flüsse
**FÄHIGKEIT** betäubt seine Beute mit Hilfe elektrischer Entladungen

66 EXTREME **FÄHIGKEITEN**

Ein Zitteraal ist wie eine lebende Batterie. Er kann mehr als zwei Meter lang werden, aber seine Organe liegen alle dicht hinterm Kopf, so dass 80 Prozent seines Körpers der Energieerzeugung dienen. Er enthält bis zu 6 000 speziell angepasste Muskelzellen, die Elektrozyten. Jede Elektrozyte gibt Impulse niedriger Spannung ab, die sich auf bis zu 600 Volt addieren – genug, um einen Menschen bewusstlos zu machen. Der positive Pol sitzt hinter dem Kopf des Aals, der negative an der Schwanzspitze. Beim Schwimmen bleibt er möglichst gerade – angetrieben von der Bauchflosse – und hält so das gleichmäßige elektrische Feld um sich selbst.

Elektrizität beeinflusst fast das gesamte Verhalten des Aals. Seine Beute – Fische und Frösche – betäubt oder tötet er mit elektrischen Schlägen. Mit seinen Artgenossen kommuniziert er über elektrische Signale. Lebewesen oder Gegenstände im Wasser ortet er mit Hilfe der Elektrolokation, das heißt, er spürt sie anhand winziger elektrischer Ströme auf. Da macht es nichts, dass der Aal nicht gut sehen kann. Meist lebt er ohnehin im trüben, schlammigen Flusswasser. Außerdem ist er nachtaktiv.

Es gibt noch andere Elektrofische, etwa die verwandten Messerfische, die ein schwaches elektrisches Feld um sich selbst generieren. Das benutzen sie, um Beutefische aufzuspüren oder mit Artgenossen zu kommunizieren. Außerdem gibt es den Torpedorochen und den Elektrischen Wels, aber keiner verteilt so starke Elektroschocks wie der Zitteraal.

EXTREME **FÄHIGKEITEN**

# Die kälteste Amphibie

| | |
|---|---|
| **NAME** | **Waldfrosch** *Rana sylvatica* |
| **LEBENSRAUM** | Kanada und Alaska |
| **FÄHIGKEIT** | überlebt es, wochenlang eingefroren zu sein |

Eine afrikanische Mücke ist so gut an Dürre angepasst, dass sie es – quasi als Nebeneffekt – überlebt, künstlich bis minus 270 Grad eingefroren zu werden. Auch viele andere Insekten überstehen Einfrieren. Aber die Lebewesen, die Kälte am längsten widerstehen können, sind wahrscheinlich die Bakterien in der Antarktis.

Unter den Wirbeltieren ist wohl der Waldfrosch am wenigsten kälteempfindlich. Das macht ihn zu dem Amphibium, das am weitesten nördlich überleben kann. Seine Winterruhe hält er in der Nähe von Teichen, die sich im Frühjahr mit Schmelzwasser füllen, so dass er sich rechtzeitig fortpflanzen kann, ehe die Teiche wieder austrocknen.

Sobald die Temperatur unter den Gefrierpunkt fällt, beginnt die Leber des Frosches, Glykogen in Glukose (Traubenzucker) umzuwandeln, die als Frostschutzmittel wirkt. Das Blut transportiert die Glukose zu den lebenswichtigen Zellen, die dann bis minus 8 Grad vorm Gefrieren geschützt sind. Aber die restlichen Flüssigkeiten des Froschkörpers – immerhin bis zu 65 Prozent – werden zu Eis. Den Organen wird das Blut entzogen, sie stellen ihre Arbeit ein. Sogar die Augäpfel und das Hirn frieren ein. Der Frosch wird zum lebenden Toten. Sobald es in seiner Umgebung zu tauen beginnt, fängt auch sein Herz wieder an zu schlagen. Es pumpt Blut mit gerinnungshemmenden Eiweißen durch den Körper, damit blutende Wunden, die durch die scharfkantigen Eiskristalle entstanden sind, gestillt werden. Der Frosch kehrt unter die Lebenden zurück – ebenso wie seine in ihm eingefrorenen Parasiten.

# Das größte Sprach-talent

**NAME** **Graupapagei**
*Psittacus erithacus*
**LEBENSRAUM** Zentral- und Westafrika
**FÄHIGKEIT** kommuniziert mit Menschen

Graupapageien leben in großen Gruppen, die auf der Suche nach Früchten, Samen, Nüssen und Kräutern durch die Regenwälder ziehen. Dabei kommunizieren sie ständig miteinander. Verhaltensbiologen haben ihre Laute in freier Wildbahn klassifiziert, zum Beispiel in Droh- oder Kontaktrufe. Diese Rufe könnten aber noch viel komplexere Bedeutungen haben. Das legen jedenfalls die sprachlichen Fähigkeiten von gefangenen Graupapageien nahe: Immerhin können sie die menschliche Sprache verstehen und sprechen; eines Tages können sie sie vielleicht sogar lesen.

Der berühmteste dieser Papageien ist Alex, der Schützling von Irene Pepperberg, Verhaltensforscherin an der Brandeis-Universität in Massachusetts. Alex kann Form und Farbe von Objekten identifizieren und erkennt auch, woraus sie gemacht sind. Er kann zum Beispiel sagen: «Vier-Ecken-Holz-Quadrat», wenn ihm etwas Entsprechendes gezeigt wird. Wenn er etwas haben oder irgendwo hingehen möchte, fragt er einfach nach. Er kann sogar witzige Bemerkungen machen und einfache Konversation führen.

An ein Erlebnis mit Alex erinnert sich Irene Pepperberg besonders gern. Während eines Experiments ging es um seine Fähigkeit, Buchstaben abzulesen. Alex sagte «sssss» für S, «shhhh» für SH, «teh» für T und so weiter – und erwartete nach jeder korrekten Antwort eine Nuss. Da das die Übung ziemlich aufgehalten hätte, sagte die Wissenschaftlerin jedesmal zu ihm: «Braves Vögelchen, aber später.» Am Ende guckte Alex die Forscherin durchdringend an, neigte den Kopf und sagte: «Möchte Nuss. Nnn, uu, ssssss.»

Die von den Ureinwohnern seit Jahrtausenden verehrte Texas-Krötenechse verfügt über eine ganze Palette von Fähigkeiten. Sie ernährt sich hauptsächlich von Ameisen – von sehr vielen, denn das meiste an einer Ameise ist unverdaulich. Deshalb braucht die Krötenechse einen großen Magen. Da sie mehr als 200 Ameisen am Tag frisst, hält sich die Eidechse notgedrungen viel im Freien auf. Das macht sie angreifbar für Räuber, und mit vollem Magen fällt ihr die Flucht relativ schwer.

So verteidigt sie sich mit anderen Methoden. Ihr Äußeres besteht aus Dornen und Auswüchsen, durch ihre Farben ist sie gut getarnt. Nähert sich ein Räuber, erstarrt die Echse und verschmilzt optisch mit ihrer Umgebung. Die Dornen der Echse könnten die Kehle einer Schlange oder eines Vogels durchstoßen, und sie kann sich aufblasen, um noch furchterregender auszusehen. In Konfrontation mit Kojoten, Füchsen oder Hunden setzt sie ihre spektakulärsteWaffe ein: Sie verspritzt übelschmeckendes Blut, das aus Höhlungen hinter ihren Augen stammt und meist den erwünschten Effekt hat. Diese Methode nutzt sie aber nur bei großer Gefahr, denn sie riskiert, bis zu einem Viertel ihres Blutes zu verlieren.

Alle diese Waffen nützen allerdings nichts gegen die menschliche Invasion in ihrem Lebensraum. Die seltsame Farbe und Form der Eidechse macht sie attraktiv für Reptiliensammler. Ihre Angewohnheit, bei Gefahr zu erstarren, führt dazu, dass sie beim Überqueren von Straßen oft überfahren wird. Mit dem Menschen kamen auch die exotischen Feuerameisen, die die einheimischen Verwandten verdrängen und für die Eidechse leider ungenießbar sind.

# Die bizarrste Verteidigung

| | |
|---|---|
| **NAME** | **Texas-Krötenechse** *Phrynosoma cornutum* |
| **LEBENSRAUM** | südliche USA und Mexiko |
| **FÄHIGKEIT** | spritzt mit Blut um sich |

Obwohl der Mensch viel weniger Geruchsrezeptoren besitzt als die meisten Tiere, riecht er ein Stinktier auf eine Entfernung von drei Kilometern (vorausgesetzt der Wind steht richtig). Zwar kann er sein Gehirn trainieren, Ekelgerüche wie die von Erbrochenem, Kot oder verwesendem Fleisch zu ignorieren – aber nicht die des Stinktiers. Auch der Zorilla (ein kleiner Marder in Afrika), Tasmanische Teufel und andere Stinktierarten produzieren Abschrecksprays, aber keines ist so schlimm wie das des Streifenstinktiers.

Das gelbe Öl wird von zwei Drüsen unter dem Schwanz produziert und reicht als zielgerichteter Strahl bis zu 3,60 Meter weit. Das Spray riecht unter anderem nach sehr, sehr faulen Eiern. Es kann sogar zeitweise Blindheit verursachen und – falls geschluckt – Bewusstlosigkeit. Aus der Kleidung geht der Geruch nicht wieder heraus, nach einer Begegnung mit einem Stinktier kann man sie nur noch wegwerfen.

Auch Tiere machen um Stinktiere einen großen Bogen. Ihr einziger ernstzunehmender Feind ist der Amerikanische Uhu, dessen Geruchssinn vermutlich unterentwickelt ist. Immerhin verschleudern Stinktiere ihr Spray nicht leichtsinnig, denn das Auffüllen der Drüsen dauert einige Tage. Sie warnen erst einmal, indem sie ihren buschigen, schwarzweißen Schwanz aufstellen. Auf der Straße gehen solche Warnungen allerdings unter. Deshalb sind Autos heute neben dem Uhu ihre schlimmsten Feinde.

# Das stinkendste Säugetier

| | |
|---|---|
| NAME | **Streifenskunk** *Mephitis mephitis* |
| LEBENSRAUM | Nordamerika |
| FÄHIGKEIT | verteidigt sich mit einem Spray, das die von Säugetieren meistgehassten Gerüche enthält |

EXTREME **FÄHIGKEITEN**

Der Schleimaal ist ein 0,3 bis 0,8 Meter langes fischähnliches Wesen ohne Flossen, Kiefer, Schuppen, ohne Wirbelsäule (statt dessen hat er eine knorpelige „Rückensaite") und ohne gut ausgeprägte Augen. Obwohl er im engeren Sinn kein Fisch ist, sondern zu den urtümlichen Chordatieren gehört, hat er Kiemen und macht etwas sehr Fischtypisches: Er produziert Schleim. Der dient nicht nur dazu, etwa die Reibung beim Schwimmen zu mindern oder Parasiten abzuweisen. Für den Schleimaal ist Schleim auch eine Waffe.

Sein Lebensstil ist ziemlich unauffällig. Er lebt auf dem Meeresgrund, bis in rund 1200 Meter Tiefe, und frisst, was er fangen kann, besonders kleine Krebse und Aas. Wenn er einen toten Fisch findet, schlüpft er durch dessen Maul und reibt ihn mit seiner Raspelzunge von innen her auf.

Noch erstaunlicher ist, was er macht, wenn er sich bedroht fühlt. Viele Drüsen entlang seines Körpers produzieren ein Schleimkonzentrat, das im Meer durch Wasseraufnahme zu einer klebrig-schleimigen Wolke wird – Hunderte Male größer als die abgegebene Menge. Das Zeug ist ziemlich zäh, da es durch Tausende lange dünne Fasern verstärkt wird. Der Angreifer bleibt darin stecken und erstickt. Dem Schleimaal würde es genauso ergehen, wenn er nicht eine Methode hätte, um sich aus seiner eigenen Schleimwolke zu befreien: Er bindet sich selbst zu einem Knoten und schiebt diesen an seinem Körper abwärts. Dadurch kommt er nach und nach frei.

# Der schleimigste Meeresbewohner

| | |
|---|---|
| NAME | **Schleimaal** *Myxine glutinosa* |
| LEBENSRAUM | westlicher und östlicher Nordatlantik und westliches Mittelmeer |
| FÄHIGKEIT | verteidigt sich gegen Räuber mit eimerweise Schleim |

EXTREME **FÄHIGKEITEN**

# Das schärfste Gehör

Um sich in der Dunkelheit orientieren und jagen zu können, braucht man einen besonderen Sinn: die Echoortung. Fledermäuse senden über ihre Nase oder ihr Maul hochfrequente Impulse (Ultraschall) aus und erkennen anhand des zurückgeworfenen Echos die Größe, Form, Ort und Bewegung selbst kleiner Objekte wie Insekten. Die Nasenform der Fledermaus hilft bei der Ausrichtung des Schalls, die gefalteten Ohren fangen das Echo wieder auf. Echos von oben treffen die Falten an anderen Stellen als Echos von unten. Indem die Fledermaus ihre Ohren bewegt, hört sie die Geräusche, die aus verschiedenen Richtungen zurückgeworfen werden.

Diese Geräusche sind allerdings so stark, dass die meisten Fledermäuse beim Signalsenden ihre Ohren „schließen", um nicht taub zu werden. Das Signal einer Fledermaus kann 110 Dezibel laut sein, wie etwa bei *Myotis lucifugus*, die über offenen Flächen jagt. Oder es ist mit 60 Dezibel relativ leise, wie bei *Myotis septentrionalis*, die Insekten zwischen Bäumen und Sträuchern fängt. Die Große Hufeisennase, die Insekten aus der Vegetation aufsammelt, setzt tiefere Frequenzen (längere Wellenlängen) ein als eine Fledermaus, die kleine Fluginsekten aus nächster Nähe fängt. Diese benutzt höhere Frequenzen (niedrigere Wellenlängen).

Es ist nicht ganz sicher, dass die Große Hufeisennase besser als andere Fledermäuse hört, aber ihr Echolotungssystem ist sehr gut untersucht und zweifellos beeindruckend. Da aber auch andere Fledermäuse ein extrem feines Gehör haben, muss der wirkliche Rekordhalter vielleicht erst noch entdeckt werden.

| | |
|---|---|
| **NAME** | **Große Hufeisennase** |
| | *Rhinolophus ferrumequinum* |
| **LEBENSRAUM** | Europa und Marokko, im Osten bis Afghanistan und Japan |
| **FÄHIGKEIT** | ortet und fängt Insekten in totaler Dunkelheit |

# Die klebrigste Spinne

| | |
|---|---|
| **NAME** | **Speispinne** *Scytodes spec.* |
| **LEBENSRAUM** | weltweit |
| **FÄHIGKEIT** | fängt und lähmt Beute mit klebrigem Speichel |

Die Speispinnen sind eng verwandt mit den giftigen braunen Einsiedlerspinnen. Beide Gruppen haben nur sechs (statt acht) Augen und sehen relativ schlecht. Das machen sie allerdings mit ihren Fangkünsten wieder wett. Ihr wichtigster Sinn ist der Tastsinn. Beim Laufen tasten sie mit ihren beiden Vorderbeinen – die länger als die anderen sechs Beine sind – den

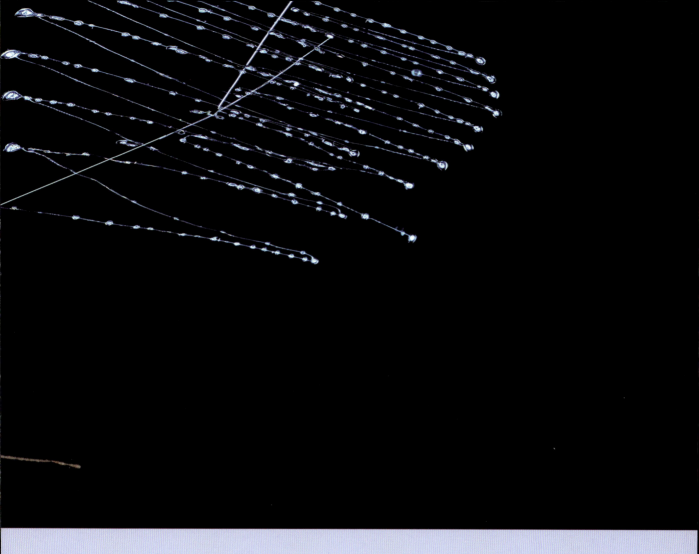

Boden vor sich nach Essbarem ab. Wie alle Spinnen ziehen sie Fäden und heften sie regelmäßig mit schnell trocknendem Seidensekret fest. Das bewahrt sie – wie die Sicherheitsleine den Bergsteiger – vor dem Absturz. Viele Spinnen nehmen wahr, wenn ein Insekt oder eine andere Spinne die Fäden überquert. Falls sie eine Beute entdecken, krabbeln sie hin und bespucken sie mit einer klebrigen Mischung aus Seide und Gift. Damit treffen sie noch auf eine Entfernung von mehr als dem Fünffachen ihrer eigenen Körperlänge. Das betäubt die Beute, während die Spinne hin huscht und ihr Opfer beißt, um noch mehr Gift zu injizieren. Dann beginnt sie zu fressen. Vermutlich müssen Speispinnen aus der Distanz zuschlagen, weil sie relativ klein sind und ihren Kiefer gerade so weit öffnen können, um dem Opfer ein Stück vom Bein abzubeißen. Mit ihrem klebrigen Spucknetz erlegen sie sogar Insekten, die schneller als sie selbst sind.

EXTREME FÄHIGKEITEN

# Der beste Farbsinn

**NAME** **Fangschreckenkrebse (Stomatopoden)**

**LEBENSRAUM** tropische und subtropische Küstengewässer weltweit

**FÄHIGKEIT** sieht Farben, die sich ein Mensch nicht einmal vorstellen kann

Berühmt sind Fangschreckenkrebse vor allem für ihre Schmetterschläge. Schon ein Schlag reicht aus, um den Panzer eines Krebses oder die Schale einer Muschel zu zerbrechen. Weniger bekannt, aber noch spektakulärer ist ihr Farbsinn, vor allem bei den Fangschreckenkrebsen, die klare, flache Gewässer rund um die farbenprächtigen Korallenriffe bewohnen.

Um den Farbsinn verschiedener Tiere miteinander zu vergleichen, zählen Forscher die Typen von Lichtsinneszellen im Auge, die für die Farbwahrnehmung zuständig sind. Die meisten Säugetiere haben zwei Typen. Primaten, inklusive des Menschen, besitzen drei, viele Vögel sowie Reptilien vier. Stomatopoden aber haben mindestens acht. Sie sehen außerdem viele Farben im UV-Spektrum – ein Bereich, den wir überhaupt nicht wahrnehmen können. Ein Mensch hat die Fähigkeit, rund 10 000 Farben und ihre Schattierungen zu unterscheiden. Ein Fangschreckenkrebs sieht ein Vielfaches davon. Das ist besonders hilfreich im Korallenriff, wo viele Tiere ihre Farbe zur Tarnung benutzen.

Außer Farben sehen Fangschreckenkrebse auch polarisiertes Licht. Ihr Sehsinn ist vielschichtiger als alles, was wir mit künstlichen Linsen und Filtern für die Fotografie konstruiert haben. Ihre Komplexaugen sitzen auf Stielen, so dass sie sich unabhängig voneinander um 360 Grad bewegen können. Sie bestehen aus Tausenden von Einzelaugen, von denen jedes ein Objekt aus drei Winkeln wahrnehmen kann. Ein Mensch benötigt für räumliches Sehen beide Augen zugleich. Ein Fangschreckenkrebs hat dagegen schon mit einem Einzelauge eine viel präzisere, räumliche Sicht.

# Die gefähr- lichste Schlange

Zum Glück fallen wir nicht ins Beuteschema von Schlangen. Wenn sie sich aber angegriffen fühlen, können manche Arten einen Menschen töten. So fallen immer wieder Menschen der Sandrasselotter zum Opfer. Das giftigste Gift besitzt aber die Seeschlange *Hydrophis belcheri*. Wie bei allen Seeschlangen dient ihr Gift dazu, Fische und andere Beutetiere zu lähmen. Ansonsten ist sie friedfertig und beißt nur zur Verteidigung, etwa wenn Fischer ihre Netze ausnehmen, in denen sie mitgefangen wurde. Noch schlimmer, was Todesfälle beim Menschen angeht, ist die Seeschlange *Enhydrina schistosa*. Sie lebt in Küstengewässern in Südostasien und gerät deshalb häufiger mit Menschen in Kontakt. Viele Seeschlangen kommen in australischen Gewässern vor, und Australien ist auch das Land mit den meisten Giftschlangen. Elf der zwölf gefährlichsten Arten leben dort, darunter auch die gefährlichste der Giftnattern: der Taipan.

Die gefährlichste aller Landschlangen lebt allerdings nicht in Australien. Wenn man verschiedene Faktoren wie Giftigkeit, Giftmenge, Temperament und Beißhäufigkeit betrachtet, hält die Sandrasselotter den Rekord. Die kleine Schlange ist weit verbreitet und wird wegen ihrer Größe oft übersehen. Sobald sie sich bedroht fühlt, wird sie aggressiv. Sie beißt und tötet wohl mehr Menschen als jede andere Schlange. Ihr Name bezieht sich auf das rasselnde Geräusch, das sie bei Gefahr durch Aneinanderreiben ihrer Körperschuppen erzeugt. Die meisten Schlangen würden einen Menschen eher in die Flucht schlagen, als ihn zu beißen. Immerhin kommen weit mehr Schlangen durch Menschen ums Leben als umgekehrt.

NAME **Sandrasselotter** *Echis carinatus*
LEBENSRAUM von Westafrika über den Mittleren Osten bis nach Indien
FÄHIGKEIT tötet mehr Menschen mit ihrem Gift als jede andere Schlange

Extreme

# Bewegung

Der seltsamste Tramper · Der höchste Springer · Die größte Plage · Der ausdau-
erndste Taucher · Der längste Non-Stop-Flug · Der bestangepasste Rücken-
schwimmer · Der aufgeblasenste Fisch · Das schwerste Flugtier · Der merkwür-
digste Verwandlungskünstler · Der schnellste Vogel · Die stärkste Deckenhaftung ·
Der größte fliegende Aasfresser · Die meisten Beine · Die höchste Saugkraft · Der
beste Langstreckenschwimmer · Das in der tiefsten Tiefsee lebende Tier · Die
reaktionsschnellste Pflanze · Der größte Vogelschwarm · Der beste Bohrer · Das
stärkste Tier · Der fröhlichste Surfer · Der musikalischste Frühaufsteher · Der
schnellste Erdhöhlenschaufler · Das Wesen mit den längsten Zehen · Der rasan-
teste Schwimmer · Der beste Wasserläufer · Der schnellste Langstreckenläufer ·
Die elastischste Zunge · Die schaurigsten Gestalten · Der geschickteste Gleit-
flieger · Die größte Ansammlung von Wintergästen · Der schnellste Sprinter ·
Der längste Wanderflug · Die umfangreichste Jagdarmee · Die faulste Schlafmütze

Die Winzlinge der Natur müssen schon genial sein, um in der Welt herumzukommen. Viele kleine Gliedertiere (eine Gruppe der Wirbellosen, zu der Insekten, Krebse, Spinnen und andere gehören) lassen sich von anderen Tieren transportieren. Die Larve einer kalifornischen Languste ist nach dem Schlüpfen nur 3,8 Zentimeter klein und reist monatelang durch den offenen Ozean. Sie häutet sich elfmal, bevor sie die Größe einer ausgewachsenen Languste erreicht. Räubern weicht sie aus, indem sie sich tagsüber im tiefen Wasser versteckt. Die Hunderte oder gar Tausende von Kilometern, die sie überwinden muss, um die Nahrungsgründe für erwachsene Langusten zu erreichen, legt sie auf dem Rücken einer Qualle zurück. Da die Qualle sich per Rückstoß sogar aktiv fortbewegen kann, ist die kleine Languste nicht auf die Meeresströmungen angewiesen.

Andere Mitfahrer sind noch frecher. Die Milbe *Antennophorus grandis* beispielsweise setzt sich unter den Kopf der Gelben Wegameise. Sobald die Milbe hungrig ist, tippt sie ihrer Trägerin an den Kopf, genauso wie es die Ameisen machen, wenn sie ihre Artgenossinnen um einen Klacks zuckrige Nahrung bitten. So bekommt sie freie Kost und Logis. Das Ruderfußkrebschen *Alepas pacifica* geht noch einen Schritt weiter: Es heftet sich an eine weibliche Qualle und nascht die ganze Zeit von ihren Eierstöcken. Das Problem solcher parasitischer Mitfahrer ist, dass sie ganz auf ihren Wirt angewiesen sind. Und wenn sie zu gierig werden, bedeutet es das Ende von beiden.

# Der seltsamste Tramper

| | |
|---|---|
| **NAME** | **Langusten-Larve** *Panulirus spec.* |
| **LEBENSRAUM** | Pazifischer Ozean |
| **FÄHIGKEIT** | Trittbrettfahren |

# Der höchste Springer

**NAME** **Schaumzikade**

**LEBENSRAUM** Nordamerika und Eurasien

**FÄHIGKEIT** springt bis zu 70 Zentimeter hoch

Flöhe sind die Insekten, die hervorragend ans Springen angepasst sind. Der beste Springer unter ihnen ist wahrscheinlich der Katzenfloh mit einer Sprunghöhe von 24 Zentimetern. Solche Hochsprünge ermöglichen es Flöhen, ihre Futterplätze auf Säugetieren in Bewegung zu erreichen. Doch andere Tiere, denen man ihre Sprungfähigkeit gar nicht ansieht, übertreffen die Flöhe bei weitem. Schaumzikaden sind pflanzensaugende Insekten, die zu neuen Pflanzen fliegen oder springen, wenn sie frischen Saft brauchen. Wenn Gefahr droht, haben sie eine geradezu explosive Fluchtmethode. Die kleinste Vibration oder Berührung lässt sie mit solcher Geschwindigkeit davonspringen, dass eine Kollision mit dem Gesicht eines Menschen schmerzhaft wäre.

Den nötigen Schwung erhalten Schaumzikaden durch die großen „Schenkel"-Muskeln, die ihre langen Hinterbeine kontrollieren. Eine Art Klettverschluss auf den Beinen hält sie in einer permanent gespannten Position, während die Muskeln langsam kontrahieren, bis die Beine plötzlich mit solcher Kraft aufschnappen, dass das Insekt vorwärts katapultiert wird. Eine Schaumzikade beschleunigt in einer Millisekunde auf eine Absprunggeschwindigkeit von vier Metern pro Sekunde; das entspricht der 400fachen Erdbeschleunigung (Astronauten in einer Rakete starten etwa mit der fünffachen Erdbeschleunigung). Die Kraft entspricht mehr als dem 400fachen Körpergewicht des Insekts. Zum Vergleich: Beim Floh ist es das 135fache seines Gewichts. Aber Flöhe verdienen trotzdem einen Rekord, und sei es nur der, den Hochsprung als Lebensstil zu pflegen.

# Die größte Plage

| | |
|---|---|
| NAME | **Afrikanische Wanderheuschrecke** *Schistocerca gregaria* |
| LEBENSRAUM | nördliches und östliches Afrika, Mittlerer Osten, Südwestasien |
| GRÖSSE | milliardengroße Schwärme suchen riesige Gebiete heim |

Einmal bedeckte ein großer Schwarm Heuschrecken ein Gebiet, das mindestens so groß war wie England, Schottland, Wales und Irland zusammen. Als er vom 15. bis 25. August 1875 Nebraska überflog, betrug das Gewicht der Heuschrecken schätzungsweise 25–50 Millionen Tonnen. Seltsamerweise war die Art 1902 ausgerottet.

Heutzutage bilden Wanderheuschrecken die größten und verheerendsten Insektenschwärme. Einer, der 1954 in Kenia durch ein Aufklärungsflugzeug vermessen wurde, bedeckte eine Fläche von 200 Quadratkilometern. Dabei war er nur einer von diversen Schwärmen in der Region, die insgesamt rund 1000 Quadratkilometer bedeckten. Sie erreichten eine Höhe von 1,5 Kilometern und bestanden schätzungsweise aus 500 Milliarden Insekten, die rund 100 000 Tonnen wogen.

Es klingt vielleicht merkwürdig, dass dieses Tier normalerweise ein Einzelgänger ist: die meiste Zeit über ein grüner Grashüpfer. (Eine Heuschrecke ist im Grunde ein wandernder Hüpfer.) Aber sobald sich die klimatischen Bedingungen in der Wüste verändern, verändern sich auch die Insekten. Wenn es feuchter ist, schlüpfen mehr Heuschrecken-Larven aus den Eiern in der Erde – und berühren sich dabei. Sie können noch nicht fliegen, aber sie beginnen schon, sich zusammenzuschließen, weil die gegenseitige Berührung eine Art „Geselligkeits-Pheromon" freisetzt. Dieser chemische Botenstoff bewirkt, dass die Larven als Gruppe auftreten und sich alle in dieselbe Richtung fortbewegen. Etwa eine Woche gehen sie „zu Fuß", bis sie körperlich ausgereift sind und fliegen können. Dann beginnt die Plage. Es gibt keinen speziellen Ort, an dem die Schwärme entstehen. Aber wenn sie beispielsweise auf der Arabischen Halbinsel starten, können die Heuschrecken über ganz Afrika fegen – und jedes Feld auf ihrem Weg vernichten.

# Der ausdauerndste Taucher

| NAME | **Pottwal** *Physeter macrocephalus* |
| LEBENSRAUM | Ozeane weltweit |
| FÄHIGKEIT | taucht tiefer als jedes andere Säugetier |

Pottwale verhalten sich eher wie U-Boote als wie Säugetiere, die Luft atmen müssen. Sie verschwinden in der kalten, dunklen Tiefe der Ozeane, um Tintenfische, Haie oder andere große Fische zu fangen.

1991 zeichneten Forscher nahe der Karibikinsel Dominica bei einem Pottwal eine Tauchtiefe von 2 000 Metern auf. Jedoch deutet alles darauf hin, dass Pottwale noch tiefer tauchen können. Am 25. August 1969 beispielsweise töteten Walfänger 160 Kilometer südlich von Durban (Südafrika) einen männlichen Pottwal. In seinem Magen befanden sich zwei kleine Haie, von denen bekannt ist, dass sie ausschließlich auf dem Meeresboden leben. Da das Wasser in dieser Region (in einem Radius von 48 bis 64 Kilometern) tiefer als 3 193 Meter ist, geht man davon aus, dass sich der Pottwal in ähnliche Tiefen begibt, wenn er seine Beute jagt.

Dieser Wal hält auch den Rekord für eine der längsten Tauchzeiten, die jemals für ein Säugetier aufgezeichnet wurde. Als er nach dem Fang der beiden kleinen Haie zum Luftholen wiederauftauchte, war er eine Stunde und 52 Minuten unter Wasser gewesen.

EXTREME **BEWEGUNG**

# Der längste Non-Stop-Flug

**NAME** **Mauersegler** *Apus apus*

**LEBENSRAUM** Europa und Asien, Mittlerer Osten,
Nordwestafrika, subsaharisches Afrika

**LÄNGE** 500 000 Kilometer

Je nachdem wie man es betrachtet, kommen verschiedene Vögel für diesen Rekord in Frage. Die Küstenseeschwalbe zum Beispiel (siehe Seite 152) legt den längsten Weg zurück: mindestens 30 000 Kilometer auf ihrer jährlichen Rundreise zwischen Arktis und Antarktis. (Diese Kilometerangabe bezieht sich auf die Gesamtstrecke zwischen Überwinterungs- und Brutgebiet, die die Küstenseeschwalbe aber nicht nonstop fliegt.) Auch der Wanderalbatros (siehe Seite 180), von dem ein 15 000 Kilometer langer Flug in 33 Tagen aufgezeichnet wurde, käme für den Rekord infrage. Oder der kleine, nur zehn Zentimeter lange Zimtkolibri, der einige der längsten Flüge im Verhältnis zu seiner Größe unternimmt: jährlich 7 000 Kilometer hin und zurück zwischen Alaska und Mexiko.

Das Besondere an Mauerseglern ist, dass sie fast immer nur fliegen – außer, wenn sie gerade brüten. Wenn sie sich mal auf dem Boden befinden, tun sie sich mit dem Abheben schwer. Deshalb macht ein Mauersegler möglichst alles in der Luft: fressen, trinken, baden, sich paaren und sogar schlafen. Von August an, wenn er sein Nest in Europa oder Asien verlässt, um südwärts zu ziehen, fliegt er praktisch ununterbrochen – bis zur Rückkehr im April.

Da Mauersegler im ersten Lebensjahr nicht nach Norden zum Brüten kommen, bedeutet das, dass sie zwei Jahre in der Luft verbringen und dabei eine Entfernung zurücklegen, die der von der Erde zum Mond und zurück entspricht. Mauersegler sind außerdem viel beschäftigte Vögel: Wenn sie ihre Jungen versorgen, fliegen sie das Nest bis zu 40-mal am Tag an. Die Nahrungsflüge können sich somit auf eine Strecke von 1000 Kilometern summieren.

Anders als die meisten ihrer Verwandten ist die Fadenschnecke blind und treibt mit der Oberseite nach unten an der Wasseroberfläche. Ihren Auftrieb reguliert sie mit Hilfe von Luft im Magen. Obwohl sie relativ passiv wirkt, trägt sie doch tödliche Waffen – Nesselzellen – und hat räuberische Absichten. Ihr schönes Äußeres ist zugleich eine perfekte Schutzkleidung: die metallisch meerblaue Unterseite, die nach oben zeigt, macht sie für Vögel nahezu unsichtbar; die silbrig weiße Oberseite, die nach unten zeigt, tarnt sie vor nach oben blickenden Fischen.

Früher oder später gerät die Schnecke in eine Ansammlung anderer Tiere, wo sie die Chance hat, zufällig auf Beute zu stoßen. Ihre Lieblingsspeise ist sowohl groß als auch bewaffnet: die Portugiesische Galeere (eine Kolonie von Polypen) und ihre kleineren Verwandten, einzeln treibende Polypen. Wenn die Schnecke einen von ihnen berührt, beginnt sie mit ihrer Raspelzunge, sich durch das weiche Gewebe der Opfer zu arbeiten. Es gelingt ihr sogar, die Tentakel der Polypen zu fressen, ohne deren Nesselzellen zum „Feuern" zu bringen. Stattdessen nimmt sie die Nesselzellen zur eigenen Verteidigung in ihren fingerartigen Anhängen auf. Sollte die Schnecke auf eine Anemone stoßen, die auf treibendem Tang haftet, packt sie die Anemone am Fuß und löst sie – durch Drehbewegungen – ab.

Dabei gibt die Schnecke ausnahmsweise ihre „verkehrte" Lage auf, wie sonst nur bei der Paarung. Sie ist ein Zwitter, und wenn sie mit einem Artgenossen Sperma austauscht, dann drehen sich beide Partner umeinander und betätscheln sich in einer Umarmung, die zu den sinnlichsten Liebkosungen im Meer gehört.

# Der bestangepasste Rückenschwimmer

| | |
|---|---|
| **NAME** | **Fadenschnecke** *Glaucus atlanticus* |
| **LEBENSRAUM** | hauptsächlich subtropische und tropische Gewässer |
| **FÄHIGKEIT** | treibt ihr Leben lang mit der falschen Seite nach oben im Wasser |

Im entspannten Zustand sieht der Igelfisch ziemlich gewöhnlich aus. Aber wenn er angegriffen wird, bläst er sich plötzlich zu einer stacheligen Kugel auf, die dreimal so groß ist wie seine ursprüngliche Gestalt. Er sieht dann aus wie ein Basketball mit Hunderten langer, dünner Nägel. Um diesen Zustand zu erreichen, schluckt er ganz schnell ganz viel Wasser.

Sein Magen hat im Lauf der Evolution seine Funktion gewandelt. Die Nahrung wird dort nicht verdaut, sondern gleich an den Darm weitergeleitet. Solange der Fisch nicht aufgeblasen ist, ist der Magen gefaltet. Die Magenfalten sind in sich gefaltet, diese Fältchen wiederum auch, bis hin zu kleinsten, nur mikroskopisch sichtbaren Falten.

Bei Gefahr pumpt der Fisch Wasser in den Magen, so dass er sich entfaltet. Die Haut dehnt sich aus, und die Stacheln, die normalerweise am Körper anliegen, richten sich auf. Das Skelett des Igelfisches ist bis auf die Wirbelsäule reduziert (Rippen würden beim Aufblasen auch nur stören). Eine ähnliche Art, Wasser einzusaugen, kann auch als Waffe dienen: Der mit dem Igelfisch eng verwandte Drückerfisch saugt Wasser ein und schießt es gegen Seeigel, um sie umzudrehen. So kommt er an ihre weiche Unterseite heran.

# Der aufgeblasenste Fisch

| | |
|---|---|
| **NAME** | **Igelfisch** *Diodon holocanthus* |
| **LEBENSRAUM** | tropische Küstengewässer weltweit |
| **FÄHIGKEIT** | verwandelt sich in einen stacheligen „Ballon" |

# Das schwerste Flugtier

**NAME** **Riesentrappe** *Ardeotis kori*
**LEBENSRAUM** östliches und südliches Afrika
**GEWICHT** bis zu 22 Kilogramm

Das Gewicht von Vögeln reicht von der 1,6–1,9 Gramm leichten Bienenelfe (eine Kolibri-Art) bis zum 150-160 Kilogramm schweren Strauß (siehe Seite 196). Der Hauptunterschied zwischen beiden Extremen ist, dass die Bienenelfe fliegen kann und der Strauß nicht. Selbst wenn er gut ausgebildete Flügel hätte, wäre der Strauß zu schwer, um zu fliegen.

Aerodynamische Grenzen wie relative Größe, Muskelstärke, Körpermasse, Auftrieb oder Schubkraft beschränken das Gewicht, bis zu dem sich ein Vogel noch in die Luft erheben kann. Ansonsten bleibt ihm nur das Flattern. Der größte bekannte Vogel, der je geflogen ist, war der 80 Kilogramm schwere, ausgestorbene Teratorn (siehe Seite 111). Einige der heute lebenden Vögel nähern sich der Grenze zum Flatterflug. Schwäne, wilde Truthähne, Wanderalbatrosse und der Andenkondor wiegen 11–15 Kilogramm. Den Rekord hält jedoch die Riesentrappe. Für ein Männchen ist es nicht ungewöhnlich, 17–19 Kilogramm zu wiegen (der Rekord liegt bei 22 Kilogramm), die Weibchen sind viel leichter.

Nach einem langsamen und anstrengend wirkenden Start kann ein Trappen-Männchen fliegen. Die meiste Zeit über läuft es allerdings. Das Fliegen dient vor allem der Suche nach neuen Futterplätzen und der Flucht (obwohl die Trappe erst einmal versucht, wegzulaufen). Die Männchen haben noch einen weiteren Grund, sich in luftige Höhen zu begeben: die Suche nach einer Partnerin. In den riesigen afrikanischen Savannen ist es nämlich lebenswichtig, den Überblick zu behalten.

EXTREME BEWEGUNG

# Der merkwürdigste Verwandlungskünstler

**NAME** **Zellulärer Schleimpilz**
*Dictyostelium discoideum*

**LEBENSRAUM** in Nordamerika im Boden,
in Biologenlabors weltweit

**FÄHIGKEIT** viele Einzelzellen verbinden sich
zu einer schleimigen Gemeinschaft

Diese einzellige Mikrobe, liebevoll Dicty genannt, lebt als einfaches, amöbenähnliches Wesen im Boden oder Laub und ernährt sich von Bakterien. Es belastet sich nicht mit Sex, sondern bildet in guten Zeiten einfach Klone von sich selbst. Sowie es aber an Futter mangelt oder der Boden zu trocken wird, passiert etwas Seltsames: Dicty sondert ein Hormon ab, das seinesgleichen, inklusive seiner eigenen Klone, dazu bringt, eine große Einheit zu bilden.

Bis zu 100 000 dieser Einzeller schließen sich zu etwas zusammen, das äußerlich einer Nacktschnecke ähnelt – eine Gemeinschaft von Individuen in einer Schleimhülle. Die Individuen des Vorderendes richten sich auf und setzen ein Hormon frei, das den 2-3 Millimeter langen Anhang dazu bringt, sich in derselben Richtung – zum Licht hin – fortzubewegen. Einmal in der Luft, richtet sich das „Pseudoplasmodium" auf. Die Individuen wählen dann verschiedene Rollen. Die vorderen verfestigen ihre Zellwand mit Zellulose und bilden ein stilartiges Organ, dabei sterben sie ab.

Währenddessen wandern die anderen Individuen (70 Prozent der Gemeinschaft) an diesem Stiel hinauf und formen eine Kugel. Dabei bildet jede Zelle eine wasserabweisende Zellulosehülle und verwandelt sich in eine Spore. Die Sporen werden durch den Wind verteilt, bei guten Bedingungen entwickeln sich aus ihnen wieder einzellige Mikroben. Wissenschaftler beschäftigten sich mit der Frage, was einzelne Individuen dazu bringt, den „Stängeltod" zu wählen und sich damit für das Ganze aufzuopfern. Offenbar gibt es selbst in der Welt des Schleims ein Geben und Nehmen.

Der schnellste Vogel (und das schnellste Tier überhaupt) ist sicherlich ein Raubvogel, wahrscheinlich der Wanderfalke. Wenn er einen Vogel in der Luft entdeckt, stürzt er aus großer Höhe herab, um ihn zu fangen. Theoretisch könnte ein Wanderfalke, der ein Kilogramm wiegt, bei einem freien Fall von 1254 Metern eine Geschwindigkeit von 385 km/h erreichen. Die Praxis kommt dem sehr nahe: Ein Wanderfalke, der im Sturzflug von einem Fallschirmspringer gefilmt wurde, erreichte eine Geschwindigkeit von 322 km/h.

Was seltsam am Sturzflug des Wanderfalken ist: Wenn sich sein Opfer innerhalb einer Entfernung von 1,8 Kilometern befindet, fliegt er es nicht direkt, sondern in Kurven an. Biologen vermuten, dass ein Wanderfalke die beste Sicht hat, wenn sein Kopf 40 Grad zur Seite geneigt ist. Aber mit so einem Winkel würde der Falke bei Hochgeschwindigkeit auf starken Luftwiderstand treffen. Deshalb ist es besser für ihn, mit geradem Kopf in Kurven abwärtszufliegen und dabei seine Beute im Blick zu behalten.

So ein Sturzflug ist nicht das Gleiche wie ein Langstreckenflug. Für das schnellste Dauerfliegen haben Wanderalbatrosse den Rekord: Einer von ihnen hielt seine Geschwindigkeit von 56 km/h über eine Strecke von mehr als 800 Kilometern. Wanderalbatrosse nutzen allerdings die Kraft des Windes zum Segelfliegen. Statt mit den Flügeln zu schlagen, gleiten sie einfach dahin.

# Der schnellste Vogel

| | |
|---|---|
| **NAME** | **Wanderfalke** *Falco peregrinus* |
| **LEBENSRAUM** | jeder Kontinent außer der Antarktis |
| **GESCHWINDIGKEIT** | kann im Sturzflug mehr als 300 km/h betragen |

# Die stärkste Deckenhaftung

Die meisten Menschen stellen sich vor, Geckos würden mit Hilfe von Unterdruck oder ihren Krallen kopfüber an der Decke haften. Aber die Erklärung ihrer „Klebkraft" ist noch verblüffender.

Jeder Fuß ist von einer halben Million mikroskopisch kleiner Fäden überzogen, aus jedem dieser Fäden sprießen mehr als 1000 blumenkohlförmige Fasern, die man Spatulae nennt. Wenn diese sich spreizen, sind sie so dicht an der Oberfläche, dass sich zwischen ihren Molekülen und denen der Oberfläche Anziehungskräfte bilden. Diese Molekularkräfte sind so stark, dass ein Geckofuß auf einer Glasscheibe theoretisch eine Haftkraft von 40 Kilogramm entwickeln könnte.

Ihr Haftmechanismus schließt sogar die Fähigkeit zur Selbstreinigung ein. Jeglicher Schmutz, der an den Minifasern haftet, fällt nach ein paar Schritten des Geckos einfach von selbst ab, weil die Molekularkräfte zwischen der Oberfläche und dem Schmutz stärker sind als zwischen den Fasern und dem Schmutz. Die Haftfähigkeit des Geckos inspiriert Techniker in vielerlei Hinsicht, etwa dazu, ein selbstreinigendes, leicht ablösbares Klebeband oder trittsichere Winzroboter fürs Weltall zu entwickeln. Auch andere Tiere wie Insekten und Spinnen dienen als Vorbild; vermutlich können sie mit dem gleichen molekularen Mechanismus eine Haftkraft entwickeln, die bis zum 170fachen ihres eigenen Gewichts hält.

NAME **Geckos**
LEBENSRAUM auf allen Kontinenten außer der Antarktis
FÄHIGKEIT halten sich an jeder Oberfläche

# Der größte fliegende Aasfresser

| | |
|---|---|
| **NAME** | **Andenkondor** *Vultur gryphus* |
| **LEBENSRAUM** | Anden, Südamerika |
| **GRÖSSE** | Flügelspannweite bis zu 3,20 Meter, 8-15 Kilogramm schwer |

Kondore gehören zu den Neuwelt-Geiern und sind vor allem Aasfresser. Sie kreisen am Himmel, um nach toten Tieren Ausschau zu halten. Der größte von ihnen, der Andenkondor, ist perfekt an diesen Lebensstil angepasst. Seine Füße dienen dazu, in der Luft zu bremsen, und eignen sich besser dazu, Kadaver aufzureißen, als Beute zu fangen und zu töten. Kopf und Nacken des Andenkondors haben kaum Federn, so dass er sich beim Wühlen im Gedärm nicht das Gefieder verklebt. Der große Schnabel ist scharf genug, um Tierhaut aufzuschlitzen; mit Hilfe der kräftigen Kaumuskeln kann der Andenkondor auch große Fleischstücke verzehren.

Aber der Andenkondor hat auch eine Schwäche. Mit seinen enormen Schwingen ist er zu schwer, um einfach abheben zu können. Deshalb ist er auf Lebensräume angewiesen, wo Aufwinde und Thermiken ihm den Start erleichtern. Einmal in der Luft, gleitet er allerdings mühelos: Seine Flügel funktionieren wie Tragflächen. Wegen seines schwach ausgeprägten Geruchssinns folgt er einfach Geiern, die Kadaver am Geruch aufspüren, und vertraut darauf, wegen seiner Größe am oberen Ende der Hackordnung zu stehen.

In prähistorischen Zeiten lebte in Nord- und Südamerika ein flugfähiger Vogel, der doppelt so groß wie der Andenkondor war: der Teratorn, der größte Vogel, der je fliegen konnte. Aber er war kein Aasfresser und konnte hasengroße Beute verschlingen. Das macht ihn wohl auch zum furchterregendsten Vogel aller Zeiten.

EXTREME BEWEGUNG

Anders als sein Name vermuten lässt, hat ein Tausendfüßler nicht 1000 Füße. Jedes Segment seines Körpers verfügt über zwei Paar Füße (beim Hundertfüßler ist es nur ein Paar pro Segment). Aber genau genommen besteht ein Tausendfüßler-Segment aus zwei miteinander verschmolzenen Segmenten. Von Geburt an nur mit wenigen Segmenten ausgestattet, legt der Tausendfüßler bei jeder Häutung weitere Segmente an – und damit auch mehr Füße. Eine so große Zahl kurzer muskulöser Beine gibt dem Tausendfüßler Schub- und Zugkraft, weshalb sie zwar langsam, aber stark sind – im Gegensatz zu den sich schnell bewegenden, räuberischen Hundertfüßlern. Viele Tausendfüßler graben im Boden nach zersetztem Pflanzenmaterial und rollen sich bei Gefahr einfach ein, statt zu fliehen.

Jedes Beinpaar bewegt sich ein bisschen phasenverschoben zu den Vorder- und Hinterbeinen. Dadurch läuft die Bewegung der Beine wellenartig am Körper entlang. Als Vorspiel zur Paarung streichelt das Tausendfüßler-Männchen seine Partnerin, die das Getätschel von Hunderten von Füßen an ihrem Körper offenbar sehr anregend findet. Ein Beinpaar des Männchens dient dazu, das Sperma in die Geschlechtsöffnung des Weibchens zu übertragen. Die meisten Tausendfüßler sind sehr reinlich und verbringen viel Zeit damit, sich zu putzen. Ein Beinpaar nutzen sie sogar dazu, ihre Antennen zu bürsten.

# Die meisten Beine

| | |
|---|---|
| **NAME** | **Tausendfüßler (Millipeden)** |
| **LEBENSRAUM** | weltweit |
| **ANZAHL** | bis zu 750 Beine in 375 Paaren |

Ein kleiner Fisch sieht einen noch kleineren Fisch verführerisch langsam in Richtung eines harmlosen Steins schwimmen. Als er sich auf das Fischchen stürzen will, spürt er einen rauschenden Sog, alles wird schwarz – das ist das Letzte, was er wahrnimmt. Er wurde „krötengefischt".

Es gibt 43 Arten von Krötenfischen in verschiedenen Farben (und der Fähigkeit, sich farblich an die Umgebung anzupassen), Größen und Verkleidungen. Einige sehen aus wie Schwämme, andere wie verkrustete Steine oder Algenansammlungen, wieder andere scheinen nichts als umhertreibende Klumpen undefinierbarer Art zu sein. Ihnen gemeinsam ist, dass sie getarnt sind. Außerdem haben sie eine Rückenflosse, die sich im Lauf der Evolution zu einer Angelrute entwickelt hat, komplett mit Leine und einem Köder, der zappelt wie ein Wurm, Fisch oder eine Krabbe. Krötenfische könne ihr Maul weit aufreißen und die Saugkraft eines Düsentriebwerks entwickeln, bevor es sich wieder schließt – alles im Bruchteil einer Sekunde.

Getarnte Krötenfische können sehr hässlich aussehen. Sie schlucken ihre Beute schneller, als jedes andere Raubtier dazu in der Lage wäre. (Wie schnell und wie sie das genau machen, konnten Forscher erst anhand von Hochgeschwindigkeitsaufnahmen analysieren.) Krötenfische gehören außerdem zu den wenigen Raubtieren, die ihre Beute als Ganzes schlucken können, auch wenn sie größer ist als sie selbst. Und sie gehören natürlich zu den besten Verwandlungskünstlern des Planeten.

# Die höchste Saugkraft

| | |
|---|---|
| **NAME** | **Krötenfisch** *Antennarius spec.* |
| **LEBENSRAUM** | Korallenriffe weltweit |
| **FÄHIGKEIT** | verwandelt sich innerhalb eines Augenblicks vom Stein in einen Vakuum-Sauger |

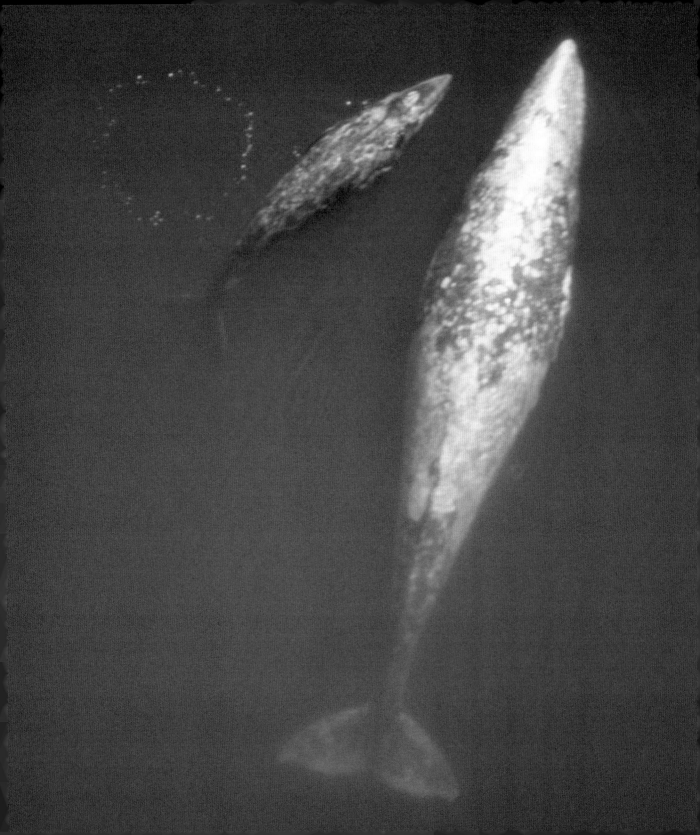

Die jährliche Wanderbewegung der Grauwale beeindruckt nicht nur als Leistung im Langstreckenschwimmen. Vermutlich ist sie auch die längste reguläre Migration unter Säugetieren. Grauwale verbringen den Sommer in ihren Weidegründen westlich und nördlich von Alaska und ziehen im Winter in die flachen Gewässer vor der mexikanischen Halbinsel Baja California, wo sie auch ihre Jungen zur Welt bringen. Die Grauwale pendeln jedes Jahr entlang der nordamerikanischen Küste auf und ab.

Auch der Buckelwal zeigt eine verblüffende Kondition, wenn er zwischen den kalten Nahrungsgewässern und den warmen Brutgewässern im Atlantik und Pazifik umherzieht. Zwar können die Buckelwale den Grauwalen nicht das Wasser reichen, aber sie halten doch den Rekord der längsten bestätigten Wanderung eines einzelnen Säugetiers.

Im Jahr 1900 wurde ein Buckelwal vor der Antarktischen Halbinsel gesehen, der fünf Monate später vor der Küste Kolumbiens auftauchte. Dazwischen liegt eine Entfernung von 8 300 Kilometern.

Seitdem wurden noch andere Buckelwale an jeweils beiden Orten individuell identifiziert (anhand der schwarz-weißen Markierungen auf der Unterseite ihrer Schwanzfluken), was zeigt, dass der Rekordhalter von 1900 keine einmalige Ausnahme war. Trotzdem halten Grauwale weiterhin den Rekord, weil bei ihnen die ganze Population so weite Entfernungen zurücklegt. Darüber hinaus gebührt ihnen auch der Rekord für die beste Bestandserholung bei einer großen Walart. Ende der 1930er Jahre, als Grauwale offiziell unter Schutz gestellt wurden, gab es nur noch ein paar hundert Tiere. Heute sind es schätzungsweise 26 000.

# Der beste Langstreckenschwimmer

NAME **Grauwal** *Eschrichtius robustus*
LEBENSRAUM Nordpazifik
FÄHIGKEIT legt im Jahr bis zu 16 000 Kilometer zurück

# Das in der tiefsten Tiefsee lebende Tier

**NAME** **Flohkrebs (Amphipode)**
*Hirondellea gigas*
**LEBENSRAUM** Marianengraben im Pazifik
**FÄHIGKEIT** haust elf Kilometer unter
dem Meeresspiegel bei einem
Druck von 1000 Atmosphären

Mit Hilfe eines ferngesteuerten Tauchboots, das einem 1000-mal stärkeren Druck als auf Meereshöhe standhielt, konnten Forscher 1955 erstmals bis zum tiefsten Punkt der Erde vordringen. Sie untersuchten die 11 000 Meter tiefe „Callenger Deep" im Marianengraben im Pazifik, die tiefer ist als der Mount Everest hoch, und fanden dort Bakterien. Besondere Aufmerksamkeit erregte die cremefarbene, wurstförmige Kolonie einer später *Moritella yayanosii* genannten Art, die solche extremen Bedingungen mit Hilfe spezieller Enzyme überlebt. Solche Proteine sind für Wissenschaftler von großem Interesse.

1955 wurden auch Flohkrebse gefunden, sehr viele sogar. Flohkrebse sind vielgestaltige Krebse, die den Meeresboden von den Polen bis zum Äquator besiedeln. Der 4,5 Zentimeter große Flohkrebs *Hirondellea gigas* lebt an einem der unwirtlichsten Plätze der Erde – in absoluter Dunkelheit, mit wenig Nahrung und unter einem Druck, den kaum ein anderes Tier überleben könnte.

Der Flohkrebs wurde nur in der sehr tiefen Tiefsee gefunden. Sein Stoffwechsel ist langsam, sein Magen groß, aber er kann erstaunlich schnell schwimmen. Er ernährt sich von den Überresten toter Tiere, die als organische Partikel langsam auf den Boden rieseln – dem so genannten Meeresschnee. *Hirondellea* lebt im Marianengraben. Entweder gibt es ihn dort in großen Mengen, oder er hat eine ziemlich gute Nase: Wann immer die Forscher einen Köder herabließen, tauchten die Flohkrebse unweigerlich auf.

# Die reaktions- schnellste Pflanze

**NAME** **Venusfliegenfalle** *Dionaea muscipula*
**LEBENSRAUM** Sümpfe in North und South Carolina, USA
**FÄHIGKEIT** fängt Insekten im Bruchteil einer Sekunde

Pflanzen haben keine Muskeln und können sich normalerweise kaum bewegen. Aber es gibt Ausnahmen. Die Venusfliegenfalle setzt auf Elastizität, um ihre zweiklappige Schnappfalle scharfzustellen. Die Insekten, die sie damit fängt, versorgen sie mit dem notwendigen Stickstoff und Mineralien, ohne die sie in ihrem nährstoffarmen, sauren Lebensraum nicht existieren könnte.

Die Venusfliegenfalle lockt Insekten mit Nektar, der von Drüsen am Rand der Klappfallen produziert wird. Die Falle schnappt zu, sobald einige der sechs Tasthaare eine Bewegung spüren und elektrochemische Signale senden. Diese Signale bewirken, dass Wasser zwischen den Zellen transportiert wird, was den Schnappmechanismus auslöst.

Die Venusfliegenfalle hat noch ein anderes erstaunliches Talent. Sie kann zwischen Lebewesen und nicht essbaren Objekten unterscheiden, etwa einem Blatt, das zufällig auf die Pflanze fällt. Das verhindert ein Zuschnappen bei toter Materie. Den Unterschied erkennt sie anhand der Häufigkeit, mit der die Tasthaare stimuliert werden. Bei weniger als zwei Stimulationen schnappt sie nicht zu. Wenn sie ein Insekt gefangen hat, verschließt sie die Klappen, und die Verdauungsenzyme beginnen, die Beute zu zersetzen. Nach rund einer Woche ist die Falle wieder fangbereit.

Ähnlich schnell wie die Fliegenfalle ist eine Art aus der Familie der Wasserschlauchgewächse. Diese Pflanzen fangen ebenfalls kleine Tiere mit Hilfe von Fallen, die im Bruchteil einer Sekunde zuschnappen – und zwar unter Wasser.

# Der größte Vogelschwarm

NAME **Blutschnabelweber** *Quelea quelea*
LEBENSRAUM östliches und südliches Afrika
GRÖSSE zusammen 30 Millionen oder mehr

Die nordamerikanische Wandertaube gilt als der häufigste Vogel, der je unseren Planeten besiedelt hat. Sie bildete unvorstellbar große Schwärme – manchmal mit mehr als zwei Milliarden Tieren –, die den Himmel verdunkelten. Wenn ein Schwarm einen Ort überflog, konnte es drei Tage dauern, bis er vorübergezogen war. Trotzdem ist die Wandertaube ausgestorben: Durch die Jagd des Menschen wurde sie in nicht einmal 100 Jahren ausgerottet. Die letzte ihrer Art starb am 1. September 1914.

Heute bildet der Blutschnabelweber die größten Vogelschwärme. Seine Population ist so groß, dass sie schlichtweg unzählbar ist – und auf Hunderte Millionen von Tieren geschätzt wird. Jedes Jahr töten die Menschen im südlichen Afrika 65-180 Millionen Blutschnabelweber, ohne dass dies dem Gesamtbestand zu schaden scheint. Der Grund, warum so viele Menschen den hübschen, spatzengroßen Finken nach dem Leben trachten, hängt mit ihrem Massenauftreten zusammen (abgesehen davon, dass sie auch im Kochtopf enden).

Blutschnabelweber sind Ernteschädlinge, man nennt sie auch „gefiederte Heuschrecken". Ihre natürliche Nahrung sind die Samen von Wildgräsern, die sie finden, indem sie den Regenfällen folgen. Wenn sie dabei allerdings auf Getreidefelder – egal, ob Hirse, das afrikanische Brotgetreide Sorghum, Weizen oder Reis – treffen, können sie in kurzer Zeit eine ganze Ernte vernichten. Blutschnabelweber schwirren aus einem Umkreis von Hunderten von Kilometern herbei. Wenn sie auf Bäumen sitzen, sieht man vor lauter Federn kaum noch Blätter. Selbst starke Äste brechen unter dem Gewicht der Vögel ab. Sie ernähren sich auch von Insekten, vor allem, wenn sie ihre Jungen aufziehen. Deshalb sind sie für Bauern andererseits sogar nützlich, weil sie ihre Felder von Insektenplagen befreien. Trotzdem schätzen die Einheimischen den Vogel höchstens als Bereicherung ihres Speiseplans.

Eine Blindwühle sieht aus wie die Karikatur eines Regenwurms. Das stumpfe Kopfende ähnelt dem Schwanzende, hat aber einen Kiefer und scharfe Zähne. Der Körper gliedert sich in schimmernde Segmente. Zwischen beiden Tieren gibt es sogar eine Verbindung, denn Blindwühlen fressen Regenwürmer. Aber sie sind Wirbeltiere (haben ein Rückgrat) und sind verwandt mit Molchen und Salamandern. Allerdings haben Blindwühlen keine Beine und sehen schlecht. Ihre Größe variiert zwischen wurmgroßen sieben Zentimeter und eineinhalb Meter Länge. Aber selbst ein so großer Wurm wird einem kaum über den Weg laufen, da er im Untergrund lebt.

Blindwühlen bohren sich mit bemerkenswerter Geschicklichkeit durch den Boden. Die meisten langen, schlauchförmigen Tiere wie Würmer und Schlangen bewegen sich dabei wellenartig, indem die Schwanzmuskeln den Kopf und Oberkörper vorwärtsschieben. Eine Blindwühle dagegen hält ihren Körper gerade.

Es sieht aus, als würde sich eine Blindwühle wie ein Eisenstab durch die Erde bohren. Falls nötig, schaufelt sie die Erde mit ihrem Kopf beiseite (das haben Wissenschaftler beobachtet, die Blindwühlen in erdgefüllten, durchsichtigen Plastikröhren hielten). Der spezielle Körperbau ermöglicht ihr die typische Ziehharmonika-Bewegung, die besonders für enge Gänge geeignet ist.

# Der beste Bohrer

| | |
|---|---|
| NAME | **Blindwühle** |
| LEBENSRAUM | tropische Regionen |
| FÄHIGKEIT | bohrt sich durch harten Untergrund |

Rhinozeros-Käfer gehören zur Familie der Scarabaeiden, von denen viele so unglaublich stark sind, dass sie riesige Mistballen vor sich herrollen oder tote Tiere begraben. Aber der Rhinozeros-Käfer ist wohl der stärkste: Einer von ihnen hob im Labor eine Last auf seinen Rücken, die 850-mal so schwer war wie sein eigenes Gewicht. Damit ist er relativ gesehen viel stärker als ein Elefant.

Selbst wenn dieser Rekord übertrieben wäre, stünde die Kraft der Käfer außer Zweifel. Die Männchen sind berühmt für ihre gegabelten „Hörner": Eins oben auf dem Kopf, ein kleineres unten – von der Seite betrachtet bilden sie einen Bogen. Sobald die Weibchen zur Paarung bereit sind (die meiste Zeit verbringen sie in der Erde, wo sie sich von Pflanzenresten ernähren), verströmen sie ein Pheromon, das die Männchen in Scharen anlockt. Dann krachen die Hörner aufeinander. Die größten Käfer – die schwersten, längsten – haben das beste Futter genossen und gelten deshalb vermutlich als attraktive Paarungspartner. Aber sie müssen sich vor den zuschauenden Weibchen erst noch bewähren. Duellierende Männchen beginnen mit einem Kopf-an-Kopf-Rangeln, bis der Stärkere den Verlierer auf die Hörner nimmt und aus dem Ring wirft. Je größer ein Männchen ist, desto größer sind seine Hörner, desto stärker sind seine Muskeln und Greifbeine und desto besser sind seine Gewinnchancen. Aber größer bedeutet nicht immer besser. Bei manchen gehörnten Scarabaeiden, bei denen die Männchen viel in große Hörner investiert haben, zeigte sich, dass die Genitalien eher klein sind.

# Das stärkste Tier

| | |
|---|---|
| NAME | **Rhinozeros-Käfer** *Xylotrupes gideon* |
| LEBENSRAUM | Asien |
| FÄHIGKEIT | hebt vermutlich bis zum 850fachen seines eigenen Gewichts |

# Der fröhlichste Surfer

Große Tümmler sind hoch soziale Tiere, die normalerweise in kleinen Gruppen von 2–15 Tieren umherziehen, auf hoher See aber auch mit bis zu Hunderten von Tieren. Sie jagen meist kooperativ und sind neugierig und experimentierfreudig. Sie erkunden Menschen im Wasser, spielen mit Strandgut und anderen Lebewesen, etwa Seeigeln, Quallen oder Seetang. Diese „Spielzeuge" werfen sie - offenbar aus Spaß - hin und her. Außerdem reiten sie oft auf den Bugwellen von Booten und Schiffen.

Es ist schwierig, ihr Verhalten nicht zu vermenschlichen. Sie scheinen aber Vergnügen an diesen Aktivitäten zu haben, die ansonsten nutzlos sind. Zum Beispiel, wenn einige Tümmler auf der Bugwelle eines Schiffs mitreiten, obwohl ihre Gruppe eigentlich in die entgegengesetzte Richtung wandert. Vermutlich genießen sie das Surfen. Große Tümmler und ihre nahen Verwandten, die Pazifischen Großen Tümmler im Nordwestpazifik und im Indischen Ozean, kann man dabei beobachten, wie sie auf Wellen nahe der Küste surfen. Manchmal in Gesellschaft von menschlichen Surfern, rasen sie in Richtung Strand und schwimmen dann durch die Gischt zurück, um auf die nächste große Welle zu warten. In Anbetracht ihrer grundsätzlichen Verspieltheit kommt man kaum umhin, das Wellenreiten der Tümmler mit Spaß und Nervenkitzel zu erklären - wie bei uns auch.

**NAME**   **Großer Tümmler** *Tursiops truncatus*
**LEBENSRAUM**   gemäßigte und tropische Gewässer weltweit
**FÄHIGKEIT**   reitet auf Wellen und Bugwellen – wohl zum Spaß

# Der musikalischste Frühaufsteher

Vogelbeobachter wissen schon lange, dass Rotkehlchen, Amseln und Singdrosseln zu den frühesten Sängern des Tages gehören – allen voran Rotkehlchen. Sie singen sogar nachts, wenn sie von der Straßenbeleuchtung dazu angeregt werden. Die nächtliche Singerei kann allerdings gefährlich werden, falls Eulen oder andere Räuber unterwegs sind. Die Männchen singen am meisten, um ihr Territorium zu verteidigen und ein Weibchen anzulocken. Sobald sie eine Partnerin gefunden haben, singen sie weniger, aber sie verstummen nicht ganz. Schließlich möchten sie das Weibchen halten und zur Paarung animieren.

In der Morgendämmerung sind die Luftbedingungen am besten für eine große Reichweite des Gesangs. Aber das ist nicht der Hauptgrund, der das Singen auslöst, sondern eine Kombination aus Tageslicht und Hormonen. Mit zunehmendem Tageslicht in der Zeit vom Frühling bis zum Frühsommer sinkt die Produktion des Hormons Melatonin. Das bewirkt eine Vergrößerung der Region im Gehirn, die fürs Singen zuständig ist.

Frühmorgendliche Sänger haben in Relation größere Augen als spätere Sänger. Das lässt sie im Dämmerlicht besser sehen. Sie fangen gewöhnlich früher an, Futter zu suchen, und können sich vor Räubern in Acht nehmen. Männliche Rotkehlchen verbringen die meiste Zeit des Tages mit Futtersuche. Wenn der Energielevel hoch genug ist, singen sie noch ein bisschen am Abend. Allerdings schonen sie ihre Energiereserven, denn nach relativ kurzer Nachtruhe legen sie wieder voll los – mit einer Serenade im Morgengrauen.

**NAME** **Rotkehlchen** *Erithacus rubecula*
**LEBENSRAUM** Eurasien, südlich bis nach Nordafrika, östlich bis Sibirien
**FÄHIGKEIT** singt vor Anbruch der Morgendämmerung, oft früher als jeder andere Vogel

Das Erdferkel ist eines der seltsamsten Säugetiere der Erde. Es hat heute keine nahen lebenden Verwandten, jedoch entfernte Verwandte wie Elefanten, Seekühe und Goldmulle. Fett und unbehaart wie es ist, gibt es eine saftige Mahlzeit ab. Vor potenziellen Räubern schützt es sich durch seinen nächtlichen Lebensstil, kombiniert mit einem guten Geruchssinn und Ohren, die wie ein Radar funktionieren.

Als wichtigstes Verteidigungsmittel gräbt sich das Erdferkel jedoch ein. Die muskulösen, kräftigen Beine enden in langen, scharfen Klauen. Es heißt, dass es in weicher Erde schneller eine Höhle graben kann als zwei Männer mit je einem Spaten. Die Höhlen, in denen Erdferkel tagsüber schlafen, dienen auch als Versteck. Sie sind lang genug – oft mehr als zehn Meter – um zum Beispiel eine Hyäne davon abzuhalten, das Erdferkel oder seine Jungen auszugraben.

Mit Hilfe der Klauen gräbt das Erdferkel Termiten und Ameisen aus. Nachts läuft es im Zickzack durch die Savanne, mit der Nase am Boden. Sobald es ein Termitennest entdeckt, beginnt es zu graben. Nasenhaare filtern den Staub, und die 45 Zentimeter lange, feuchte Zunge zieht die Beute rasch aus dem Nest. Seine Termiten zermalmenden Zähne wachsen ständig nach, sie haben jedoch weder Wurzeln noch Zahnschmelz. Die buddelnde Lebensweise scheint sich auszuzahlen: Erdferkel sind fast überall dort zu finden, wo es Ameisen und Termiten im Überfluss gibt.

# Der schnellste Erdhöhlenschaufler

| | |
|---|---|
| NAME | **Erdferkel** *Orycteropus afer* |
| LEBENSRAUM | afrikanische Savannen und offene Parklandschaften |
| FÄHIGKEIT | Graben als Lebensinhalt |

# Das Wesen mit den längsten Zehen

**NAME** **Gelbstirn-Blatthühnchen** *Jacana spinosa*

**LEBENSRAUM** Mexiko und Zentralamerika

**LÄNGE** 14 Zentimeter lange Zehen – im Verhältnis zur Körpergröße die längsten Zehen einer Art

Das Gelbstirn-Blatthühnchen (eins von acht Blatthühnchen-Arten in den tropischen Gebieten der Welt) ist 23 Zentimeter groß und besitzt erstaunlich große Zehen: 11,5 Zentimeter breit und 14 Zentimeter lang. Das wäre in der Relation so, als hätte ein 1,80 Meter großer Mann 90 Zentimeter breite und 1,10 Meter lange Füße.

Man nennt das Blatthühnchen manchmal „Jesus Christus Vogel", weil es scheinbar übers Wasser geht. Das genau kann es zwar nicht, aber es kann auf einer Vegetation aus Wasserhyazinthen oder Seerosen laufen, indem es sein Gewicht auf eine große Fläche verteilt. Dort hat es keine Konkurrenz von anderen Vögeln oder Säugetieren zu befürchten, weil niemand außer ihm so große Füße hat.

Das Blatthühnchen pflegt einen kuriosen Rollentausch. Das Weibchen hat vier Männchen, die alle in unterschiedlichen Revieren leben. Zur Brutzeit lässt es sich von allen vier begatten, immer wieder und in rascher Folge. Wenn es die Eier gelegt hat – normalerweise ein Gelege von vier Eiern – überlässt es sie einem der vier Männchen und eilt davon, um sich wieder zu paaren. Obwohl die Chancen nur eins zu vier stehen, dass eines der Küken von ihm stammt, brütet das Männchen die Eier pflichtgetreu. Wenn die Jungen geschlüpft sind, versorgt es sie auch. Bei Gefahr verteidigt es sie, indem es auf seinen Ponton-Füßen hin- und herflitzt.

# Der rasanteste Schwimmer

| | |
|---|---|
| **NAME** | **Segelfisch** *Istiophorus platypterus* |
| **LEBENSRAUM** | warme Gewässer weltweit |
| **GESCHWINDIGKEIT** | bis zu 109 km/h |

Es ist bekanntlich schwierig, die Geschwindigkeit eines Fisches zu messen, und da bisher noch niemand ein Fischrennen auf offenem Meer veranstaltet hat, müssen wir uns auf die Schätzungen von Fischern verlassen. Das räuberische Verhalten des Segelfisches und sein stromlinienförmiger Körperbau deuten auf eine beachtliche Geschwindigkeit hin. Wie schnell er sein kann, zeigte ein Exemplar, das an einer Leine gefangen war, von der sich in drei Sekunden 91 Meter abrollten – das ist schneller als ein sprintender Gepard.

Die Raubfische des offenen Meeres sind dem Segelfisch, was die Geschwindigkeit angeht, dicht auf den Fersen: der Speerfisch, Marlin, Wahoo sowie der Gelb- und der Blauflossenthunfisch. Das Geheimnis seiner Geschwindigkeit – und das der anderen schnellen Raubfische – liegt unter anderem in der Muskulatur. Die Fische besitzen enorme Mengen weißer Muskeln (was gut ist für die Beschleunigung, aber nicht für die Ausdauer), die an den Flanken durch rote Muskelblöcke unterstützt werden (diese benötigen mehr Sauerstoff und sind daher gut, um ausdauernd schnell zu schwimmen). Der größte Teil der durch die roten Muskelfasern produzierten Wärme wird durch ein spezielles Netz von Blutgefäßen zurückgehalten, wodurch das Blut wärmer wird als das umgebende Wasser. Das warme Blut kann auch ins Gehirn und in die Augen geleitet werden. Das hilft dem Fisch dabei, Beute in kälterem Wasser und in der Tiefe aufzuspüren und zu jagen.

Die genaue Funktion der riesigen Rückenflosse des Segelfischs, des „Segels", bleibt noch zu erforschen. Wissenschaftler vermuten, dass es den Fisch bei schnellen Wendemanövern unterstützt, wenn er seine Beute einkreist. Wenn er sich an der Oberfläche befindet, dient es ihm tatsächlich als Segel. Außerdem wärmt sich sein Blut schneller auf, wenn die Sonne daraufscheint.

Dieses bemerkenswerte Insekt nutzt die Oberflächenspannung von ruhenden Gewässern, wie zum Beispiel Teichen, als wären sie von einer dünnen Eisschicht überzogen. Oberflächenspannung ist etwas, das große, schwere Tiere kaum wahrnehmen. Sie entsteht, weil unter der Oberfläche Wassermoleküle von anderen Wassermolekülen angezogen werden, und zwar in alle Richtungen – nach oben, unten und zu den Seiten. An der Oberfläche selber können sich die Moleküle aber nur seitwärts und nach unten ausrichten. Dadurch entsteht physikalisch bedingt ein Film, der stark genug ist, etwas sehr Leichtes zu tragen.

Die langen Beine des Wasserläufers haben mikroskopisch kleine Härchen, die Luft anlagern und die Beine auf diese Weise wasserabweisend (hydrophob) machen. Je hydrophober etwas ist, desto schwerer kann es sein, um trotzdem von der Oberflächenspannung getragen zu werden. Die Beine des Wasserläufers werden nicht nass. Wenn das Insekt mit einer Geschwindigkeit von bis zu 75 Zentimetern pro Sekunde über das Wasser läuft, verursacht es lediglich kleine Dellen in der Oberflächenspannung. Der Wasserläufer bewegt sich nur auf vier statt auf sechs Beinen. Die beiden Vorderbeine sind sehr kurz und sensibel. Sie signalisieren, wenn irgendetwas die Oberfläche durchbricht. Falls dieses Etwas klein ist und sich bewegt, läuft der Wasserläufer los, um es zu packen und zu fressen.

# Der beste Wasserläufer

**NAME** **Teich-** oder **Wasserläufer** *Gerris spec.*
**LEBENSRAUM** tropische und gemäßigte Zonen weltweit
**FÄHIGKEIT** läuft auf dem Wasser, als wäre es fester Boden

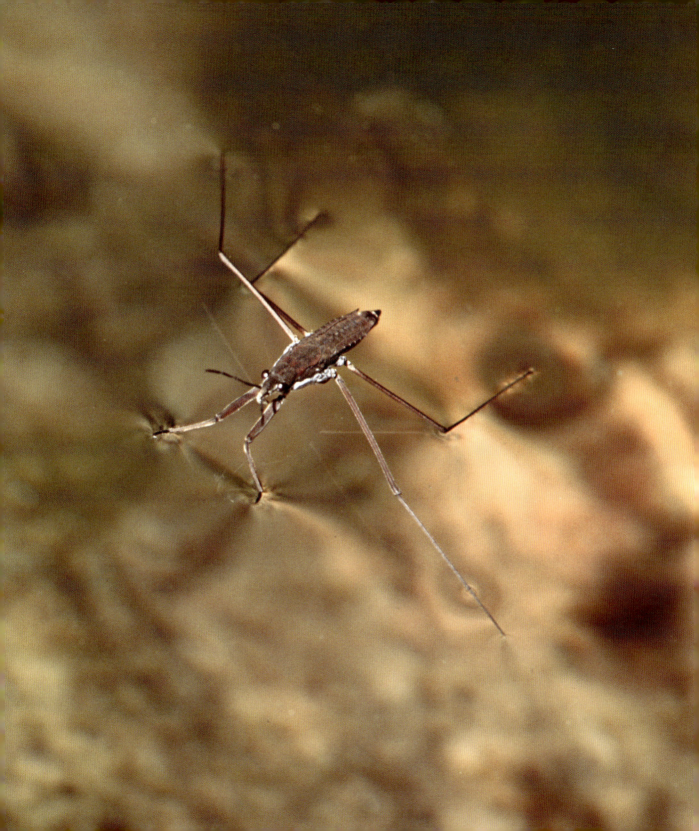

# Der schnellste Langstreckenläufer

| | |
|---|---|
| **NAME** | **Gabelbock** *Antilocapra americana* |
| **LEBENSRAUM** | Präriegebiete im westlichen Nordamerika und nördlichen Mexiko |
| **GESCHWINDIGKEIT** | bis zu 88,5 km/h auf einer Strecke von 0,8 Kilometern |

Der Gabelbock ist wirklich einzigartig. Er gehört weder zu den Antilopen noch zum Rotwild, sondern bildet eine eigene Familie. Er ist für Schnelligkeit und Ausdauer gebaut. Obwohl der Gepard den Geschwindigkeitsrekord hält und schneller laufen kann, läuft kein anderes Tier über eine längere Entfernung so schnell wie er. Für den Gabelbock wurde auf einer Strecke von 1,6 Kilometern eine Geschwindigkeit von 67 km/h aufgezeichnet. In einer geschlossenen Ortschaft würde er dafür einen Strafzettel wegen Geschwindigkeitsübertretung bekommen.

Doch warum die Eile? Biologen glauben, dass der Gabelbock in prähistorischer Zeit nicht nur von ausdauernden Steppenwölfen gejagt wurde, sondern auch von einem schnellen *und* ausdauernden Raubtier, das heute ausgestorben ist: so etwas wie ein Supergepard. Außerdem gibt es in der weiten offenen Prärie keine Möglichkeit, sich zu verstecken.

Für den Laufstart besitzt der Gabelbock kräftige Muskeln und lange, leichtgewichtige Beine. Im vollen Galopp stoßen die Vorderbeine vorwärts und die Hinterbeine rückwärts – das Ergebnis ist ein langer Sprung durch die Luft. Herz, Lunge und Luftröhre sind – verglichen mit anderen Säugetieren – größer, das Blut ist ungewöhnlich reich an Hämoglobin. Dadurch kann es den Muskeln in kurzer Zeit viel Sauerstoff zuführen. Der Gabelbock hat große hervorstehende Augen, die ihm eine weite Rundumsicht ermöglichen. Trotzdem konnte er den Gewehren der europäischen Siedler nicht entrinnen. Anfang 1900 hatten diese die Zahl der Gabelböcke von möglicherweise 40 Millionen auf nur noch 10000–20000 reduziert.

# Die elastischste Zunge

Es ist schon spektakulär, dass ein Chamäleon in gerade einmal zehn Sekunden eine völlig andere Farbe annehmen kann, aber die Art, wie es seine Zunge gebraucht, ist noch ungewöhnlicher.

Röntgenfilme und Hochgeschwindigkeitsvideos haben gezeigt, dass die Zunge des Chamäleons auf dem Weg, ein Insekt zu fangen, am Anfang relativ langsam ist. Aber dann beschleunigt sie in 20 Millisekunden auf sechs Meter pro Sekunde. Das ist schneller, als durch bloße Muskelkraft möglich wäre. Die potenzielle Beute kann mehr als zwei Körperlängen vom Chamäleon entfernt sein und bis zu 15 Prozent seines Körpergewichts wiegen. Größere Chamäleons können sogar Vögel oder Eidechsen packen.

Wie das funktioniert? Erstens, der Schuss: Zwischen Zungenbein und Zungenmuskel besitzt das Chamäleon ein elastisches Kollagenband, das den Muskel streckt, bevor die Zunge losgelassen wird – etwa so, wie man die Sehne eines Bogens spannt, bevor man den Pfeil abschießt. Zweitens, das Zupacken: An der Zungenspitze sitzt ein Muskel, der sich in dem Augenblick zusammenzieht, bevor die Beute geschlagen wird. Dieser Muskel bringt die Zungenspitze von einer konvexen in eine konkave Position, wodurch ein starker Sog entsteht. Drittens, das Einholen der Zunge: Weitere Zungenmuskeln und spezielle Fasern bewirken eine „Superkontraktion", so als würde man ein Akkordeon mit einem Schlag zusammendrücken. Und das alles geschieht in kaum mehr als einer Sekunde.

| | |
|---|---|
| **NAME** | **Chamäleon** (Familie: Chamaeleonidae) |
| **LEBENSRAUM** | hauptsächlich Afrika und Madagaskar, aber auch Mittlerer Osten, Südeuropa und Asien |
| **FÄHIGKEIT** | fängt die Beute mit einer Bogensehne, einem Saugtrichter und einer Akkordeonzunge |

Im Mittleren Osten heißt es, sie sind riesig und giftig, rennen bis zu 40 km/h schnell, springen zwei Meter hoch in die Luft und legen ihre Eier in Kamelbäuche. In Mexiko werden sie *matevenados* – Hirschtöter – genannt und gelten als gefährlicher als Skorpione. In Südafrika sollen sie sogar Menschen jagen.

Nun, keine dieser Geschichten ist wahr. Aber wenn man nur sieht, wie eine Walzenspinne Beute sucht und frisst, versteht man, wie solche Schauergeschichten entstanden sind. Als ein achtfüßiges Spinnentier mit einem Paar Pedipalpen (Tastwerkzeug, an jeder Seite des Mauls angehängt), frisst sie Insekten, Spinnen und Skorpione. Manchmal greift sie sich kleine Säuger oder Reptilien. Aber das hängt von ihrer Größe ab, die von einigen Millimetern bis zu 15 Zentimeter betragen kann. Nachts, wenn die meisten Walzenspinnen aktiv sind, laufen sie in wildem Tempo im Zickzack über den Boden und greifen nach allem, was ihnen in die Quere kommt. Dann stoppen sie, um es zu zerbeißen – mit den wahrscheinlich kräftigsten Kiefern im Verhältnis zur Körpergröße, die es im Tierreich gibt.

Walzenspinnen sind unersättlich. Am Ende einer erfolgreich mit Jagen verbrachten Nacht sind sie manchmal so voll gefuttert, dass sie sich kaum bewegen können. Trotzdem fressen sie immer noch alles, was sie fangen können. Sie sind nicht giftig, aber wenn eine große Walzenspinne einen Menschen beißt, kann die Wunde stark bluten. Was das Jagen von Menschen angeht, so gaben die seltenen tagaktiven Walzenspinnen Anlass für die Story. Sie suchen den Schatten von Menschen, um sich abzukühlen. Und das kann einen schon erschrecken.

# Die schaurigsten Gestalten

| | |
|---|---|
| **NAME** | **Walzenspinnen** (Familie: Solifugidae) |
| **LEBENSRAUM** | Dürregebiete weltweit |
| **FÄHIGKEIT** | wüstes Töten und Fressen |

# Der geschickteste Gleitflieger

**NAME** **Japanisches Riesengleithörnchen**
*Petaurista leucogenys*
**LEBENSRAUM** Japan, Korea, China
**FÄHIGKEIT** Fliegen – fast

Flughörnchen fliegen nicht wirklich. Sie besitzen keine Flügel, mit denen sie schlagen könnten, um Auftrieb zu bekommen. Aber sie gleiten. Zusammen mit anderen Säugetierarten und einigen Eidechsen und Schlangen segeln sie zwischen den Bäumen dahin, um Energie zu sparen und Gefahren zu entrinnen, die auf dem Erdboden lauern.

Das beste unter allen Tieren, die gleiten können, wäre dasjenige, das am längsten gleiten kann und so dem Fliegen am nächsten kommt. Der typische Gleiter wählt allerdings den kürzesten Weg zwischen Start- und Zielbaum und segelt dann auf den zwischen Vorder- und Hinterbeinen ausgebreiteten Häuten dorthin. Das Japanische Riesengleithörnchen jedoch kann mehr: Indem es die Stellung seiner Beine wechselt, verändert es die Richtung und kann erstaunlich schnelle Kurven fliegen. Es kann sogar auf warmen Luftströmungen, die von den Tälern seiner heimatlichen Berge aufsteigen, schweben wie ein Vogel im Segelflug.

Sein naher Verwandter, der Taguan, beherrscht die Kunst des Gleitens ebenfalls hervorragend. Beide Arten können auf diese Weise weitere Strecken zurücklegen als jeder andere Gleiter: mehr als 110 Meter. Um solche Entfernungen zu überbrücken und an Geschwindigkeit zu gewinnen, legen sie ihre Beine eng an den Körper und lassen sich einfach fallen. Für einen Moment rasen sie in atemberaubendem Tempo auf den Boden zu, dann öffnen sie ihre Flughäute – und gleiten.

Im August und September erhalten die Monarchfalter in Nordamerika eine geheimnisvolle Botschaft von ihren Genen. Sie unterbrechen ihre Routine, checken den Sonnenstand oder das Magnetfeld der Erde (niemand weiß das so genau) und starten flatternd und gleitend ihren Weg nach Süden. Etwa im November sind sie in den Bergen Zentralmexikos angekommen – in Millionenstärke – und decken Nadelwälder an etwa 20 verschiedenen Orten zu. Sie bilden die größte Insektenmigration der Erde. So gut wie alle Monarchfalter der östlichen Rocky Mountains nehmen daran teil.

Nachdem sie sich auf den Bäumen niedergelassen haben, verlassen sie diese bis Februar oder März nicht mehr. Dort paaren sie sich auch und fliegen dann nordwärts. Sobald sie das Gebiet der südlichen Vereinigten Staaten erreichen, suchen die Weibchen nach Seidenpflanzengewächsen, um dort ihre Eier abzulegen. Anschließend sterben alle Schmetterlinge, die Weibchen und die Männchen. Wenn die Raupen aus den Eiern geschlüpft sind, ernähren sie sich von ihrer Futterpflanze, verpuppen sich und fliegen als frisch geschlüpfte Schmetterlinge weiter nach Norden. Dann, zwei oder drei Generationen später (die Sommer-Schmetterlingsgenerationen haben ein kürzeres Leben als die Generationen, die überwintern), ist es wieder August, und sie bekommen das genetische Signal zum Auswandern. Anstatt – wie ihre Eltern, Großeltern und Urgroßeltern – in Nordamerika geschlechtsreif zu werden und sich zu paaren, fliegen die Monarchfalter nach Mexiko.

Leider haben neue Studien ergeben, dass die Anzahl der Monarchfalter, die im Winter in den Nadelwäldern schläft, abnimmt. Die Ursache ist möglicherweise eine Kombination aus illegalem Holzeinschlag in ihren mexikanischen Schutzgebieten und dem Einsatz von Pestiziden gegen die Seidenpflanzengewächse in Nordamerika. Nun suchen Naturschützer verzweifelt nach einem Weg, um die größte Ansammlung von Wintergästen der Welt zu retten.

# Die größte Ansammlung von Wintergästen

| | |
|---|---|
| NAME | **Monarchfalter** *Danaus plexippus* |
| LEBENSRAUM | Nordamerika |
| ANZAHL | mehrere Millionen überwintern zusammen in Mexiko |

Ein Gepard verbringt die meiste Zeit damit, sich von der Hitze zu erholen, sich vor anderen großen Katzen zu verbergen oder nach Beute Ausschau zu halten. Wenn er jedoch aktiv wird, dann plötzlich. Nachdem er sich so nah wie möglich an seine Beute herangepirscht hat, sprintet er beinahe aus dem Stand heraus. Ein Film über die Jagd eines Geparden zeigte einmal, wie er in nur drei Sekunden eine Geschwindigkeit von 80 km/h erreichte. Den offiziellen Rekord hält jedoch ein Gepard in Kenia, der auf einer Strecke von 201 Metern eine Durchschnittsgeschwindigkeit von 103 km/h erreichte.

Bei Spitzengeschwindigkeiten ermöglicht sein unglaublich flexibles Rückgrat dem Geparden eine große Schrittlänge – relativ gesehen doppelt so groß wie die eines Rennpferdes. Weitere besondere Merkmale sind: kräftige, zupackende Pfoten, nicht einziehbare Klauen (wie Spikes an Sportschuhen), sehr lange, dünne, mit Sprungsehnen versehene Beine. Auch im Galopp kann er schnellstens die Richtung wechseln. Der lange Schwanz sorgt dafür, dass der Gepard bei all dem nicht die Balance verliert.

Ein Gepard läuft jedoch nicht immer mit Spitzengeschwindigkeit. Wenn er keinen Erfolg hat, gibt er normalerweise nach 60 Sekunden auf. Seine durchschnittliche Jagd geht über 200 bis 300 Meter und dauert nicht länger als 20 Sekunden. Danach muss sich das Tier – heftig keuchend – für mindestens 20 Minuten ausruhen, um sich abzukühlen und damit die in seinen Muskeln gebildete Milchsäure wieder abgebaut wird. Es überrascht nicht, dass sich seine Beutetiere wie Impalas und Gazellen ebenfalls zu schnellen Läufern entwickelt haben: Bei einer Thomsongazelle wurde einmal eine Geschwindigkeit von 94,2 km/h aufgezeichnet. Das ist schnell genug, um jeden Gepard in Atem zu halten.

# Der schnellste Sprinter

| | |
|---|---|
| NAME | **Gepard** *Acinonyx jubatus* |
| LEBENSRAUM | afrikanische Savannen, möglicherweise ein paar Überlebende im Mittleren Osten und Asien |
| GESCHWINDIGKEIT | bis zu 103 km/h |

# Der längste Wanderflug

**NAME** **Küstenseeschwalbe**
*Sterna paradisaea*
**LEBENSRAUM** Arktis und Antarktis
**LÄNGE** 30 000 km hin und zurück

Bei einer Küstenseeschwalbe sieht man auf den ersten Blick, dass sie ein aerodynamisches Meisterwerk und ein Tauch-Ass ist. Ihr Körper ist schlank und stromlinienförmig, der Schwanz und die Schwingen sind lang – das minimiert den Luftwiderstand –, der Schnabel hat die Form eines Speers. Die Seeschwalben, die während des nördlichen Sommers in der Arktis brüten und während des südlichen Sommers in der Antarktis „überwintern", bewältigen eine Strecke von mindestens 30 000 Kilometern hin und zurück – Luftlinie gemessen. Viele schaffen noch mehr; das hängt von ihren Startplätzen und den Wetterverhältnissen ab, zumal sie es bevorzugen, entlang der Küste zu fliegen und nicht quer übers Land.

Die längste Strecke, die für einen einzelnen Vogel aufgezeichnet wurde, legte eine beringte Seeschwalbe zurück, die am 15. August 1996 von Finnland abflog. Nachdem sie über den Ärmelkanal und entlang der Westküste Europas und Afrikas geflogen war, wandte sie sich vermutlich am Kap der Guten Hoffnung nach Osten, kreuzte über den Indischen Ozean und kam am 24. Januar 1997 im australischen Victoria an. Sie hatte mehr als 25 760 Kilometer zurückgelegt – etwa 160 Kilometer pro Tag. Zweifellos tankte sie unterwegs auf. Im Unterschied zu landlebenden Vögeln ernährt sich eine Seeschwalbe aus dem Meer – von Fischen. Das kann sie jederzeit auch während der Wanderung, deshalb braucht sie keinen Extrakraftstoff und Gewicht in Form von Fettreserven mitzuschleppen.

Sowohl der Brutplatz als auch der Ort des Überwinterns sind die langen Wanderungen wert. Die Unmengen von Insekten in der Arktis tun sowohl den Küken als auch den erwachsenen Seeschwalben gut. Auch Fisch ist reichlich vorhanden. In der Antarktis gibt es große Mengen an Fisch und Krustentieren. An beiden Polen herrscht während des Sommers fast durchgehend Tageslicht, so dass dieser Hochleistungsvogel das ganze Jahr über fischen kann.

# Die umfangreichste Jagdarmee

**NAME** **Wanderameisen und Treiberameisen** *Eciton spec.* und *Dorylus spec.*
**LEBENSRAUM** Zentral- und Südamerika: Wanderameisen; Afrika: Treiberameisen
**FÄHIGKEIT** bilden Stoßtrupps aus bis zu 500 000 Individuen

Viele fleischfressende Tiere jagen in Gemeinschaften. Aber den Rekord aller Zeiten halten die Treiberameisen in Afrika und die Wanderameisen in Zentral- und Südamerika, die in Kolonien von bis zu 20 Millionen Tieren leben. Für einen Raubzug arbeiten sie zu Hunderttausenden zusammen. Dadurch verwischt die Grenze zwischen kooperierenden Individuen und einem einzigen Organismus. Egal, wie man sie betrachtet, Wander- oder Treiberameisen im Anmarsch sind etwas Fürchterliches.

Da sie sich ziemlich langsam bewegen, können ihnen größere Tiere – Reptilien oder Säugetiere – für gewöhnlich aus dem Weg gehen. Auf Grund ihrer schieren Masse gelingt es afrikanischen Treiberameisen, die schneidende „Kiefer" haben und lange Kolonnen bilden, manchmal Geflügel oder angebundene Haustiere zu töten. Insekten, Spinnen und Skorpione entkommen den Wander- oder Treiberameisen nicht. Versuchen sie zu fliehen, spüren die Ameisen sie anhand der Vibrationen auf. Dabei gehen sie arbeitsteilig vor: Die große Masse der „Arbeiter" wird an den Flanken durch größere „Soldaten" beschützt, die bewaffnet sind: Wanderameisen töten durch gewebeauflösende Stiche, Treiberameisen durch kräftige Bisse.

Die Wanderameisenarbeiter übernehmen den größten Teil des Tötens, aber die hinten stationierten Soldaten bewachen sie und ergreifen fliehende Beute. Der Raub wird zerstückelt und von Trägern zum mobilen Königingemach gebracht. Es wird von den lebenden Körpern der Arbeiter gebildet und enthält die hungrigen Larven der Kolonie.

Ein Dreizehen-Faultier kennt nur zwei Daseinszustände: Schlaf und Halbschlaf. Es kann bis zu 20 Stunden am Tag schlafen. Bei einer Lebenserwartung von maximal 30 Jahren bedeutet das, dass ein Faultier rund 25 Jahre mit Schlafen verbringt. Ein schlafendes Faultier hängt kopfüber von einem Baum, ein waches Faultier auch. Dann allerdings pflückt es mit unglaublicher Langsamkeit Blätter, die es ebenso langsam frisst. Wenn es sich bewegt, kriecht es ganz langsam den Ast entlang.

An einem wirklich ereignisreichen Tag steigt es auf den Boden herab und geht – sehr langsam und ungeschickt, weil es den Vierfüßlergang kaum gewohnt ist – zum nächsten Baum. Manchmal befindet sich der nächste Baum auf der anderen Seite eines Flusses, so dass es schwimmen muss. Es paddelt kräftig wie ein Hund, was verglichen mit seinem Gang sogar anmutig aussieht. Aber natürlich geschieht auch dies sehr langsam.

Der Stoffwechsel eines Faultieres ist sehr viel niedriger als bei anderen Säugetieren. Morgens bringt es sich durch Sonnenbaden in Schwung. Es verdaut auch langsamer und hat nur einmal pro Woche Stuhlgang. Für dieses Ereignis klettert es langsam von seinem Baum herunter, gräbt langsam ein Loch und legt trockene, harte Fäkalien hinein, die einschließlich des Urins ein Drittel seines Körpergewichtes ausmachen. Selbst die Zersetzung der Fäkalien ist langsamer als bei anderen Tieren: Sie dauert rund zehnmal länger.

# Die faulste Schlafmütze

**NAME**   **Dreizehen-Faultier** *Bradypus variegatus*
**LEBENSRAUM**   Zentralamerika und tropische Zonen Südamerikas
**FÄHIGKEIT**   so wenig wie möglich zu tun

# Extremes

# Wachstum

Der längste Fangzahn · Die meisten Beißerchen · Die Pflanze, die am schnellsten wächst · Der kleinste Fisch · Der monströseste Pilz · Das schwerste Landtier · Die langlebigste Kreatur · Das kleinste Reptil · Die längsten Barthaare · Das urigste lebende Fossil · Die größte Flügelspannweite · Das dehnbarste Wesen · Die längste Schlange · Der höchste Baum · Das größte Gehirn · Der erfolgreichste Superorganismus · Die längste Zunge · Der häufigste Wurm · Der größte Vogel · Das riesigste Tier aller Zeiten · Die längsten Waffen · Der älteste lebende Klon · Die längsten Haare · Das haarigste Tier · Das größte Maul · Die meisten Federn · Das höchste Tier · Der imposanteste Zahn · Die größten Augen · Der schwerste Baum · Das fetteste Raubtier · Die längste Flosse · Die größte Blüte · Der kleinste Vierbeiner · Der längste Fisch · Das sackartigste Tier · Die ältesten Blätter · Das seltenste Tier · Der winzigste Säuger · Die älteste Samenpflanze · Das größte Reptil · Der schwerste Baumbewohner · Der platteste Fisch · Das weiteste Kronendach

# Der längste Fangzahn

Mit einer Maximallänge von 2,20 Metern ist die Gabunviper die größte der drei afrikanischen Schlangen in der Gruppe der großen Vipern (die beiden anderen sind die Puffotter und die Nashornviper). Die Gabunviper ist eine der zehn giftigsten Schlangen der Erde; pro Biss liefert sie den höchsten durchschnittlichen Gehalt an Gift (genau genommen teilt sie diesen Titel mit der Königskobra in Südasien – der längsten Giftschlange der Erde): 350–600 Milligramm Gift. Da bereits 60 Milligramm als tödliche Dosis für einen Menschen gelten, könnte das Gift einer Gabunviper theoretisch sechs bis zehn Menschen töten.

Was die Länge der Fangzähne angeht, schlägt die Viper die Kobra mit nicht weniger als 3,5 Zentimetern. Das bedeutet, dass die Gabunviper tiefer beißt als jede andere Giftschlange. Biologen wissen nicht genau, warum das so ist. Sie frisst hauptsächlich Eidechsen und Frösche, obwohl sie viel größere Tiere verschlingen könnte. Es ist unwahrscheinlich, dass die langen Fangzähne zur Verteidigung dienen, da die Viper nicht besonders reizbar ist und nur selten zur Verteidigung beißt. Vielleicht ist die Antwort ganz einfach: Eine so große Schlange hat eben verhältnismäßig lange Fangzähne. Aber warum sind dann die Fangzähne der Königskobra so kurz? Im Gegensatz zur Gabunviper, deren Fangzähne zurückgeklappt werden, wenn die Schlange das Maul schließt, sind die Fangzähne der Kobra unbeweglich. Deshalb ist die Antwort einfach: Wenn die Fangzähne der Kobra länger wären, würden sie ihr den Unterkiefer durchstechen.

| | |
|---|---|
| **NAME** | **Gabunviper** *Bitis gabonica* |
| **LEBENSRAUM** | Westafrika |
| **LÄNGE** | Zahnlänge bis zu fünf Zentimeter |

# Die meisten Beißerchen

**NAME** **Walhai** *Rhincodon typus*

**LEBENSRAUM** tropische und gemäßigt warme Meere

**ANZAHL** mehr als 300 Zahnreihen mit jeweils Hunderten von Zähnen

Welches Tier die meisten Zähne hat, ist eine kniffelige Frage. Die Antwort hängt davon ab, wie man Zähne definiert, wie oft sie ersetzt werden und wie lange das Tier lebt. Säugetiere haben Zähne, wie wir sie kennen: Mit Zahnschmelz, im Kiefer befestigt, werden sie nur einmal im Leben ersetzt. Das Säugetier mit den meisten Zähnen ist vielleicht der Spinnerdelphin mit bis zu 272 Zähnen. Krokodile haben ungefähr 60 Zähne. Sie werden mehr als 40-mal ersetzt, so dass sie insgesamt auf 2 400 Zähne kommen. Schnecken haben sogar noch mehr, wenn man bei ihnen von Zähnen sprechen will: Ihre Raspelzunge (Radula) ist mit bis zu 27 000 mikroskopisch kleinen Beißerchen besetzt. Sie bestehen aus Chitin und werden ersetzt, wenn sie abgenutzt sind.

Haifischzähne sind spezialisierte Schuppen, die wie am Fließband ausgeworfen und durch neue ersetzt werden. Der Walhai besitzt mehrere Tausend kleine hakenförmige Zähne – jeweils zwei bis drei Millimeter lang –, die in elf bis zwölf Reihen im Ober- und Unterkiefer arrangiert sind. Diese werden wahrscheinlich mindestens zweimal pro Jahr ersetzt. Angenommen, ein Walhai könnte so lange wie ein Mensch leben, so verdiente er wirklich den Titel des zahnreichsten Tieres. Aber wofür der Walhai sein Bataillon an Zähnen wirklich braucht, ist immer noch ein Rätsel. Er ist nämlich ein Planktonfiltrierer.

EXTREMES **WACHSTUM**

Bambusgewächse sind seltsame Pflanzen. Erst einmal sind sie riesige, verholzte Graspflanzen. Die meisten der ungefähr 1250 Arten vollenden ihr Wachstum im frühen Lebensstadium. Sobald der Bambus das Reifestadium erreicht hat, wächst er nicht mehr, egal, wie lange er lebt (manche werden mehr als 100 Jahre alt). Stattdessen bilden sie viele Triebe, was mit der Zeit zu undurchdringlich dichten Bambuswäldern führen kann.

Viele Arten blühen nur einmal im Leben – im Alter zwischen sieben und 120 Jahren – und sterben dann ab. Das bedeutet, dass alle Pflanzen einer Art genau zur selben Zeit Samen bilden und sterben. (Dies ist ein Problem für Riesenpandas, die fast nichts außer Bambus fressen. Immer wenn der Bambus in ihrem Gebiet abstirbt, geraten sie in eine Hungersnot.)

Auch für den Menschen ist Bambus sehr wichtig (mehr als 1500 Verwendungszwecke sind dokumentiert), bis zu 40 Prozent der Weltbevölkerung sind ökonomisch von ihm abhängig. Der Moso-Bambus, der nach der Blüte nicht abstirbt, ist eine weit verbreitete Kulturpflanze. Er ist eine der größten Bambuspflanzen und wahrscheinlich diejenige, die am schnellsten wächst. Bei einem Schössling wurde einmal an einem einzigen Tag ein Wachstum von einem Meter gemessen – das sind vier Zentimeter pro Stunde. Ein anderer wuchs in acht Wochen immerhin 20 Meter. Da kann man tatsächlich das Gras wachsen hören.

# Die Pflanze, die am schnellsten wächst

**NAME** **Moso-Bambus** *Phyllostachys edulis*
**LEBENSRAUM** China und weltweit in Gärten kultiviert
**FÄHIGKEIT** wächst buchstäblich um einige Zentimeter pro Stunde

# Der kleinste Fisch

Für diesen Winzling aus der Familie der Schindlerfische gibt es keinen deutschen Namen. Auf Englisch heißt er *stout infantfish* – stämmiger Kinderfisch. Er ist das kleinste und leichteste Wirbeltier, das bislang bekannt ist, und schlägt den bisherigen Rekordhalter um 0,5 Millimeter: den Sinarapan, ein Fischchen, das auf der Philippinen-Insel Luzon in Seen lebt. *Schindleria brevipinguis* ist halb so groß wie die beiden anderen bekannten Schindlerfische, hat aber einen stämmigeren Körper. Erstaunlich ist, dass er auch als erwachsenes Tier eine kindliche, larvenähnliche Gestalt behält. Er hat weder Zähne noch Schuppen oder Bauchflossen und keine Pigmente (außer in den Augen), dafür aber große Augen, obwohl niemand weiß, warum. Da er ein großes Maul hat, aber – wie gesagt – keine Zähne, nimmt man an, dass er Plankton frisst.

Er wird schnell geschlechtsreif und lebt wahrscheinlich nur ein paar Monate. Vermutlich kann sich dieser transparente, kaulquappenähnliche Fisch schnell fortpflanzen und vielleicht auch schneller an veränderte Bedingungen anpassen. Dies könnte sich noch als nützliche Fähigkeit erweisen. Die Umweltbedingungen seines Lebensraums – Lagunen, die bislang durch Korallenriffe vor Sturmwellen geschützt sind – könnten sich im Zuge des globalen Klimawandels dramatisch ändern.

Obwohl man nur sechs Exemplare gefangen hat, nehmen australische Biologen an, dass der winzige Schindlerfisch sehr zahlreich vorkommt und ein wichtiges Glied in der Nahrungskette ist.

| | |
|---|---|
| **NAME** | *Schindleria brevipinguis* |
| **LEBENSRAUM** | Großes Barriereriff, Australien |
| **GRÖSSE** | nur 6,5 bis 8,4 Millimeter lang |

Alle Wachstumsrekorde von Pilzen werden von unterirdischen Klonkolonien des Dunklen Hallimasch gehalten. Der Erfolg liegt in seinem „Pilzmycel", einem im Boden lebenden Geflecht aus wurzelähnlichen Pilzfäden, das wie bei allen Pilzen die Hauptlebensform darstellt. Die Pilzfäden sind von einer dunklen Rinde umgeben und sehen wie Schuhbänder aus. Das Geflecht breitet sich über weite Strecken aus, um nach Nahrung zu suchen: verletzte Bäume oder abgestorbenes Holz. Die Pilzfäden dringen durch Wunden in der Rinde eines lebenden, oft noch jungen Baums ein und saugen Wasser und Nährstoffe heraus. Wenn der Baum sich dagegen nicht wehren kann, dringen sie auch in die Wurzeln ein und entziehen dem Baum Nahrung. Dadurch geht dieser zu Grunde. Über Jahre hinweg bilden sich neue Kolonien, die alle aus Klonen des ursprünglichen Pilzes bestehen.

Die größte bekannte Masse eines Dunklen Hallimasch erreicht ein *Armillaria ostoya* in Oregon, der mit Hilfe des genetischen Fingerabdrucks als Klon identifiziert wurde. An manchen Orten dehnt er sich mehr als fünf Kilometer aus; sein Alter wird auf mindestens 2 400 Jahre geschätzt (möglicherweise ist er aber auch doppelt so alt). Im Herbst bildet er riesige Mengen von oberirdischen Fruchtkörpern aus. Die einzelnen Pilze sind jedoch klein im Vergleich zu denen der langlebigen Fruchtkörper des Flachen Lackporlings (*Ganoderma applanatum*). Größere Klone des Dunklen Hallimasch könnten in den riesigen Nadelwäldern Eurasiens leben (*Armillaria* mag besonders bestimmte Koniferen). Obwohl der Pilz monströs erscheinen mag, so ist er doch Teil des waldeigenen Recycling-Systems: Er schafft Platz für das Wachstum neuer Pflanzen und führt dem Waldboden organisches Material zu, das Nährstoffe für die Bäume enthält.

# Der monströseste Pilz

**NAME**   **Dunkler Hallimasch** *Armillaria ostoyae*
**LEBENSRAUM**   Malheur National Forest in den Blue Mountains, Oregon, USA
**GRÖSSE**   verbreitet sich über eine Fläche von mehr als 890 Hektar

Der größte Elefant, den man jemals vermessen hat, war ein Bulle, der 1974 in Angola geschossen wurde (vor dem Anstieg der Wilderei, die die Elefantenpopulation stark dezimierte). Er wog mehr als 12,2 Tonnen - etwa so viel wie 178 Männer - und hatte eine Schulterhöhe von 3,96 Metern. Vom Rüssel bis zum Schwanz maß er 10,70 Meter. Ein weiterer Bulle, der 1978 im Damaraland in Namibia geschossen wurde, besaß eine Schulterhöhe von 4,20 Metern. Die so genannten Wüstenelefanten, die dort leben, haben jedoch verhältnismäßig längere Beine.

Die Bullen des Savannenelefanten sind ungefähr 3-3,70 Meter hoch, die Weibchen sind kleiner. Noch kleiner ist der Waldelefant mit zwei bis drei Metern, obwohl er mit 2-4,50 Tonnen immer noch ein Schwergewicht ist. Asiatische Elefanten ähneln in Gewicht und Höhe dem Waldelefanten, sie sind allerdings etwas größer. Der Rekordhalter in Asien ist wahrscheinlich ein nepalesischer Bulle mit einer Schulterhöhe von schätzungsweise 3,70 Metern. Nur weiße Nashörner und Flusspferde wiegen etwa so viel wie diese Schwergewichte.

Elefanten halten noch weitere Rekorde, zum Beispiel haben sie den größten Appetit aller Landtiere: Pro Tag fressen sie 75-150 Kilogramm Grünzeug (ein großer Bulle braucht ungefähr doppelt so viel). Trotz ihres großen Magens und dem bis zu 19 Meter langen Darm ist ihre Verdauung relativ ineffizient. Das nützt allerdings den Tieren, die sich von Elefantendung ernähren, und den Pflanzen, deren Samen praktischerweise in Düngepäckchen verbreitet werden.

# Das schwerste Landtier

| | |
|---|---|
| NAME | **Afrikanischer Elefant** *Loxodonta africana* |
| LEBENSRAUM | Afrika, südliche Sahara |
| GEWICHT | vier bis sieben Tonnen |

# Die langlebigste Kreatur

**NAME** *Lamellibrachia luymesi*
ein Röhrenwurm in der Tiefsee
**LEBENSRAUM** Golf von Mexiko
**ALTER** mindestens 250 Jahre

Röhrenwürmer sind bekannt dafür, dass sie mit Hilfe von Bakterien in der Umgebung von hydrothermalen Quellen leben, aus denen heiße Gase und Flüssigkeiten aus dem Meeresboden sprudeln. Dort nähren sich Lebensformen, die es nirgendwo sonst auf Erden gibt. Einige dieser Quellen sind bis zu 400 Grad heiß, und die Röhrenwürmer darum herum wachsen schnell – mehr als einen Meter pro Jahr (siehe Seite 64).

Aber nicht alle Tiefseequellen sind so heiß, und einige sind es überhaupt nicht. Es gibt auch kalte Quellen, aus denen Kohlenwasserstoff sickert – langsam und beständig. Die Temperatur ist die Gleiche wie die des Tiefseewassers. Dort leben ebenfalls Röhrenwürmer. Einige von ihnen, die der Art *Lamellibrachia luymesi,* sind mehr als zwei Meter lang und haben scheinbar sehr lange gebraucht, um diese Größe zu erreichen.

Tief im Golf von Mexiko haben Wissenschaftler für ein Experiment die weißen Hüllen von einigen dieser Tiefseewürmer blau eingefärbt. Als sie ein Jahr später wieder nach ihnen sahen, waren die weißen Hüllen weniger als einen Zentimeter gewachsen. Daraus schlossen die Forscher, dass die Lebenserwartung von *Lamellibrachia luymesi* bei mindestens 250 Jahren liegen muss. Andere Tiere, die für ihr hohes Alter bekannt sind, reichen da kaum heran. Riesenschildkröten werden bis zu 150 Jahre alt, Grönlandwale können mehr als 100 Jahre alt werden, ein Exemplar wurde sogar mehr als 200 Jahre alt. Die einzigen Tiere, die Röhrenwürmern den Rang noch streitig machen könnten, sind koloniebildende Tiere, wie zum Beispiel Korallen. Allerdings ist es bei ihnen schwierig, ein Tier vom anderen zu unterscheiden.

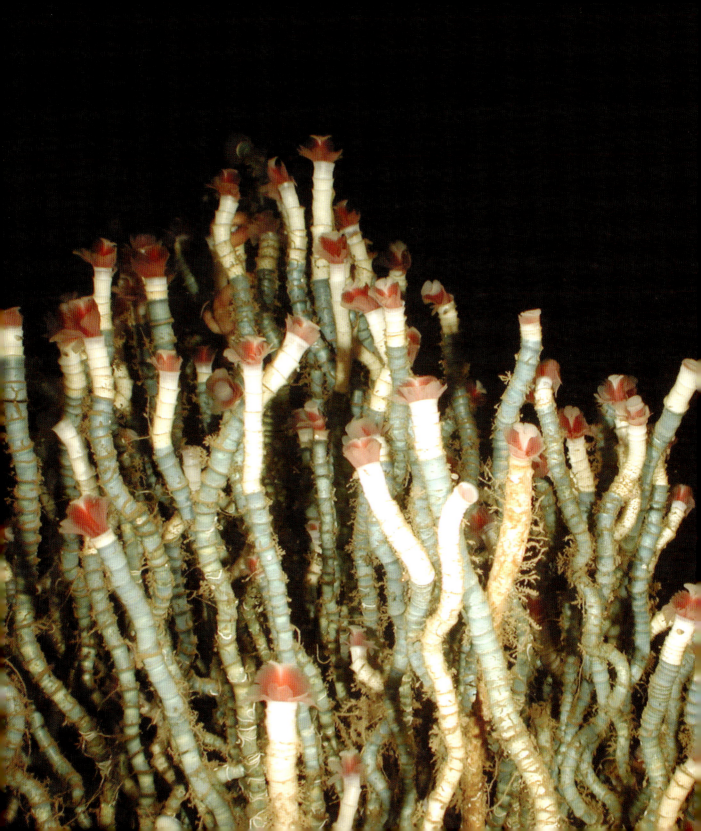

# Das kleinste Reptil

| | |
|---|---|
| **NAME** | **Jaragua-Gecko** *Sphaerodactylus ariasae* |
| **LEBENSRAUM** | Insel Beata, Dominikanische Republik (Hispaniola) |
| **GRÖSSE** | nur 1,4–1,8 Zentimeter von der Schnauze bis zur Schwanzspitze |

Wer nach neuen Arten sucht, die entweder sehr klein oder sehr groß sind, ist auf einer Insel genau richtig – noch dazu in der schönen Inselwelt der Karibik. Dort wurden die beiden Rekordhalter für die kleinsten Reptilien der Welt entdeckt. Zuerst der Gecko *Sphaerodactylus parthenopion*, der 1964 auf Virgin Gorda (Britische Jungferninseln) gefunden wurde. Und 1998 der Jaragua-Gecko, entdeckt auf der Insel Beata, die zum Jaragua-Nationalpark der Dominikanischen Republik gehört. Beide Geckos messen im Durchschnitt nur 1,6 Zentimeter von der Schnauze bis zur Schwanzspitze.

Der Vorteil des Kleinseins liegt darin, dass man sich besser verstecken kann und nicht so viel zu fressen braucht. So überlebt man leichter auf einer Insel, wo die Nahrung auch mal knapp werden kann. Wenn man aber sehr, sehr klein ist, ist die Körperoberfläche im Verhältnis zum Volumen ziemlich groß. Deshalb unterliegen beide Geckos dem Risiko der Austrocknung, da über die Haut viel Feuchtigkeit verdunstet. Der Jaragua-Gecko schützt sich davor, indem er im feuchten Laub lebt, wo er sich von winzigen Insekten, Spinnen und Milben ernährt. Wissenschaftler gehen davon aus, dass er eine Nische besetzt hat, die auf dem Festland von Spinnen ausgefüllt würde. Noch ist der Jaragua-Gecko nicht direkt gefährdet. Er könnte es aber bald sein, weil sein Lebensraum durch Holzeinschlag größtenteils zerstört wurde: Kaum zehn Prozent der ursprünglichen Wälder sind auf Hispaniola und den anderen Westindischen Inseln noch übrig geblieben.

Ein Barthaar mag zwar bloß ein Gebilde aus abgestorbenen Hautzellen sein, aber es funktioniert wie eine feine Antenne. An seiner Basis sitzt ein blutgefüllter Follikel, und wenn das Barthaar sich bewegt, stimuliert es Nervenzellen. Je nach Tierart sind die Barthaare (auch Vibrissen genannt) unterschiedlich lang und dick. Sie wachsen an verschiedenen Stellen des Gesichts: auf den Wangen, auf der Schnauze oder um sie herum und über den Augen.

Tiere mit derart vielen und langen Barthaaren sind oft nachtaktiv oder leben unter schlechten Lichtbedingungen, wie zum Beispiel Meeressäuger. Bei manchen Robben sind die Barthaare jeweils mit mehr als 1000 Nervenzellen verbunden (verglichen mit 250 bei einer Ratte). Somit dienen sie als Augen und Finger. Über sie erhält die Robbe Informationen nicht nur über die Textur, Form und Größe eines Objekts, sondern auch über Bewegung und Wasserdruck. Denn jede Bewegung hinterlässt im Wasser eine Spur.

Antarktische Seebären jagen meist nachts nach Krill und Tintenfischen. (Im antarktischen Winter ist es ohnehin fast rund um die Uhr dunkel.) Ihre Barthaare richten sich beim Jagen nach vorn (wie bei einer jagenden Katze). Der Seebärenbulle hat die längsten Barthaare aller Tiere. Warum, weiß niemand. Vielleicht drückt er damit seine innersten Gefühle aus, oder er braucht sie einfach, um gut auszusehen – und um zu zeigen, dass er ein Superjäger ist, wenn er sich während der Paarungszeit zur Schau stellt.

# Die längsten Barthaare

| | |
|---|---|
| NAME | **Antarktischer Seebär** |
| | *Arctocephalus gazella* |
| LEBENSRAUM | antarktische Gewässer |
| LÄNGE | 35–50 Zentimeter lang |

Quastenflosser sehen nicht nur altertümlich aus. Sie sind auch die einzigen Überlebenden ihrer Gruppe und gehören zu den ältesten Wirbeltieren überhaupt. Noch Anfang des 20. Jahrhunderts nahmen Wissenschaftler an, Quastenflosser wären vor 65 Millionen Jahren ausgestorben, bis 1938 ein lebendes Exemplar vor der Küste Südafrikas in ein Fischernetz geriet. Später wurden weitere Tiere und deren Populationen im gesamten Westen des Indischen Ozeans entdeckt (einschließlich der Komoren, Madagaskar, Kenia, Tansania, Mosambik und Südafrika). Eine verwandte Art, *Latimeria menadoensis*, wurde Tausende von Kilometern entfernt vor der indonesischen Insel Sulawesi gefunden.

Von ihren Vorfahren unterscheiden sich heutige Quastenflosser nur wenig. Sie werden bis zu zwei Meter lang und sind entfernt verwandt mit jenem Lebewesen, das vor etwa 350 Millionen Jahren zum ersten Mal an Land ging. Sie leben in kaltem, sauerstoffreichem Wasser in mehr als 100 Meter Tiefe.

Quastenflosser legen die größten Fischeier: ungefähr so groß wie eine Pampelmuse und bis zu 350 Gramm schwer. Ein trächtiges Weibchen trägt gleich 26 von ihnen, für etwa 13 Monate. Vermutlich besitzen Quastenflosser einen Elektrosinn in der Schnauze, was das Jagen im Dunkeln erleichtern würde. Zu ihrem Verhalten gehört, dass sie sich in Höhlen versammeln und dort „Handstand" machen. Mit Hilfe spezieller Tauchtechniken versuchen Biologen mehr über das Sozialverhalten dieser mysteriösen lebenden Fossilien herauszubekommen.

# Das urigste lebende Fossil

NAME **Quastenflosser** *Latimeria chalumnae* und *L. menadoensis*
LEBENSRAUM westlicher Indischer Ozean und Pazifik
ALTER 400 Millionen Jahre

EXTREMES **WACHSTUM**

# Die größte Flügelspannweite

| | |
|---|---|
| NAME | **Wanderalbatros** *Diomedea exulans* |
| LEBENSRAUM | südliche Ozeane |
| GRÖSSE | bis zu 3,40 Meter weit |

Dieser Wanderer hat die längsten aller Flügel. Sie sind schmal, dünn, leicht und so konstruiert, dass er in den starken und stetigen Winden des offenen Meeres segeln kann. Der Wanderalbatros trotzt Wellen und Wetterfronten und bewegt sich über Hunderte von Kilometern mit einer Geschwindigkeit von 55 km/h fort. Für kurze Zeit kann er auf mehr als 80 km/h beschleunigen. Erst im Alter von sechs bis acht Jahren beginnt er zu brüten, er kann 50 Jahre oder älter werden. In seinem Kopf scheint er eine Meereskarte gespeichert zu haben, auf der die besten Futterplätze markiert sind und sein Geburtsort, meist eine sehr entlegene Insel. Normalerweise kehrt er zum Brüten dorthin zurück. Es ist die einzige Zeit, die er an Land verbringt.

Die kleineren Weibchen halten ihre maximale Geschwindigkeit im Gleitflug auch bei leichteren Winden. Deshalb können sie weiter nördlich auf Futtersuche gehen als die schwereren Männchen, die effizienter in den windigeren subarktischen Regionen sind. Das reduziert die Nahrungskonkurrenz bei Paaren. Sie fliegen ein riesiges Gebiet ab, wobei eine Strecke bis zu 13 000 Kilometer betragen kann.

Futterplätze erkennen sie am Geruch, was für Vögel ansonsten selten ist. Die Lieblingsspeise eines Albatros ist Tintenfisch. Um einen zu fangen, sitzt der Vogel nachts auf dem Meer und wartet, bis seine Beute an die Oberfläche kommt. Er frisst aber auch Aas und folgt Schiffen in der Hoffnung auf Fischreste. Genau das wird ihm oft zum Verhängnis: Jedes Jahr ertrinken massenweise Wanderalbatrosse, weil sie die Köder der Langleinenfischer geschluckt haben. Das bringt die Art mittlerweile an den Rand der Ausrottung.

# Das dehnbarste Wesen

**NAME** **Schnurwurm** *Lineus longissimus*
**LEBENSRAUM** nördlicher Atlantik
**GRÖSSE** kann ausgestreckt mehr als 30 Meter lang sein

Der Schnurwurm ist nicht nur das dehnbarste Tier der Welt, sondern auch einer der seltsamsten Räuber. Wie viele seiner Verwandten besteht er hauptsächlich aus einem langen muskulären Schlauch, mit einem Gehirn, aber ohne Herz. Obwohl die normale Länge dieses Wurms bei fünf bis 15 Metern liegt, wird auch von 30 Meter langen Individuen berichtet. Diese extreme Länge könnte aber dadurch zu Stande kommen, dass der Körper des Wurms ziemlich dehnbar ist. So kann er unter Steine kriechen oder sich selbst verknoten. Wie andere Schnurwürmer auch regeneriert er Körperteile, die beschädigt wurden oder verloren gingen, falls er über die Maßen gedehnt wurde.

Trotz seiner harmlosen Erscheinung ist er ein Jäger, der marinen Lebewesen nachstellt: anderen Würmern, Schnecken, Krebsen und sogar Fischen. Mit Hilfe von rund 40 Punktaugen auf beiden Seiten der Schnauze kann er sehen. Er spürt seine Beute aber wohl anhand chemischer Reize auf. Oft hält er sich nämlich an dunklen Plätzen auf, in schlammigem Grund oder unter Felsen. Die Geheimwaffe des Schnurwurms ist sein kräftiger, langer, zungenartiger Rüssel, mit dem er seine Beute wie mit einem Lasso einfängt. Der Körper schimmert violett, was ihn irgendwie außerirdisch erscheinen lässt. Man muss sich vor ihm in Acht nehmen: Sollten Sie einen Schnurwurm anfassen, finden Sie sich plötzlich von einem dicken Schleim bedeckt, der stark riecht. Der Geruch kann bedeuten, dass der Wurm gerade sein sehr wirksames Nervengift freigesetzt hat, mit dem er sich gegen Übergriffe verteidigt.

Geschichten über Riesenschlangen gibt es zur Genüge. Das liegt nicht nur an der blühenden Phantasie der frühen Entdecker und der Schwierigkeit, die Länge eines lebenden Tieres zu messen, das sich weigert, stillzuhalten. Es liegt auch daran, dass man die Haut einer Riesenschlange ziemlich strecken kann, ohne dass sie Schäden zeigt. Heutige Schlangenexperten sind zumindest skeptisch, wenn sie von einer Schlange hören, die länger als neun Meter sein soll.

Am meisten übertrieben sind die Geschichten der in Südamerika heimischen Anakonda. Sie wird selten länger als sechs Meter und hält sich meist im Wasser auf, wodurch sie sehr schwer werden kann. (Die schwerste Schlange, von der je berichtet wurde, war eine Anakonda mit einem Gewicht von 227 Kilogramm.) Aber der berühmt gewordene Bericht des Offiziers Percy Fawcett von einer 18,90 Meter langen Schlange muss doch als arge Übertreibung gelten.

Weibliche Netzpythons werden allerdings relativ häufig sechs Meter lang. Da die Länge vom Alter abhängig ist und Würgeschlangen sehr alt werden können, sind außergewöhnliche Längen möglich. So ist die längste Schlange, die ordnungsgemäß vermessen wurde, ein Netzpython-Weibchen, das auf der indonesischen Insel Celebes erschossen wurde und zehn Meter lang gewesen sein soll.

Ein großes Schlangenweibchen ist stark genug, um ein großes Säugetier zu erwürgen und im Ganzen zu schlucken. Es gibt mindestens einen glaubwürdigen Bericht von einem Netzpython mit einem erwachsenen Menschen im Magen. Die Längenrekorde der Vergangenheit werden heute wohl kaum noch übertroffen werden, da die meisten Schlangen – auf der ganzen Welt verfolgt – gar nicht mehr die Chance haben, alt und damit lang zu werden.

# Die längste Schlange

| | |
|---|---|
| **NAME** | **Netzpython** *Python reticulatus* |
| **LEBENSRAUM** | Südostasien |
| **GRÖSSE** | sechs Meter, möglicherweise bis zu zehn Meter |

# Der höchste Baum

**NAME** „Stratosphere Giant", ein **Küsten-Mammutbaum**
*Sequoia sempervirens*
**LEBENSRAUM** Humboldt Redwoods State Park, Kalifornien
**HÖHE** 112,80 Meter

Der „Stratosphere Giant" ist momentan wohl der höchste Baum der Welt – und der größte lebende Organismus. Der größte Baum, von dem je berichtet wurde, ist der „Cornthwaite Tree", ein riesiger Eukalyptus im australischen Bundesstaat Victoria. Der Baum wurde erst vermessen, nachdem er 1855 gefällt worden war: Er war 114 Meter hoch. Der heute größte Eukalyptus ist mit 97 Metern vergleichsweise klein. Er wächst in Tasmanien. Das bedeutet, dass heutzutage die größten Bäume die Küsten-Mammutbäume in Kalifornien sind: Mehr als zwei Dutzend sind größer als 110 Meter.

Da Küsten-Mammutbäume intensiv eingeschlagen wurden, geht man davon aus, dass es früher noch viel größere gab. Aber um wie viel größer? Nach Berechnungen aus dem Jahr 2004, in die Faktoren wie Schwerkraft und Wassertransport in die Wipfel einflossen, wäre es möglich, dass Mammutbäume zwischen 122 und 130 Meter hoch werden können.

Aber was geht da oben, in 50 bis 60 Stockwerken Höhe, vor sich? Ein Mammutbaum, der untersucht wurde, hatte 209 Schösslinge gebildet. Meist kleine, aber der größte war immerhin 40 Meter hoch und maß 2,60 Meter im Durchmesser. Sogar Humus hatte sich oben in den Astgabeln angesammelt, auf dem Farne, Sträucher und andere Baumarten wuchsen. Dort lebten Insekten, Regenwürmer, Schnecken und sogar eine beachtliche Salamander-Population.

EXTREMES **WACHSTUM** 187

Das größte Gehirn von allen herauszufinden, kostet schon einiges an Gehirnschmalz, je nachdem, ob man nur das größte oder schwerste an sich meint oder das größte im Verhältnis zum Körper. Die Frage ist auch, ob Hirngröße und Intelligenz zusammenhängen? Um die Antworten zu finden, müsste man selbst ein Gehirnspezialist sein.

Große Tiere haben natürlich ein großes Gehirn. Das Hirn des Pottwals wiegt 7,8 Kilogramm, das des größten Landtieres, des Afrikanischen Elefanten (siehe Seite 170), bis zu 5,4 Kilogramm. Im Vergleich dazu ist das Gehirn des Menschen relativ klein. Aber relativ zur Körpergröße ist es eigentlich größer. Bedeutet das also, dass der Mensch die Liga der Intelligenz anführt? Hier wird es kompliziert. Wenn wir Intelligenz als Fähigkeit zu denken definieren und die Komplexität der Großhirnrinde als Indikator für diese Fähigkeit werten, dann ist der Mensch allen anderen Lebewesen tatsächlich haushoch überlegen. Aber die Funktionen der Großhirnrinde werden noch untersucht, und viele Experten meinen, unser Gehirn sollte einfach als eine vergrößerte Version eines Primatengehirns betrachtet werden.

Einige Wissenschaftler glauben allerdings, unser Gehirn habe eine schnellere Evolution durchlaufen als das jedes anderen Tieres, angetrieben durch die Herausbildung hoch komplexer Gesellschaftsstrukturen und Verhaltensweisen. Wir haben beispielsweise die Fähigkeit entwickelt, andere zu täuschen – und sogar uns selber. Abgesehen davon, was der Zustand der Welt über uns verrät, besagt eine Theorie, das menschliche Gehirn könnte sich noch immer schnell entwickeln. Das sollte uns zu denken geben.

# Das größte Gehirn

| | |
|---|---|
| NAME | **Mensch** *Homo sapiens* |
| GEWICHT | durchschnittlich 1,3 Kilogramm |
| FÄHIGKEIT | Denken |

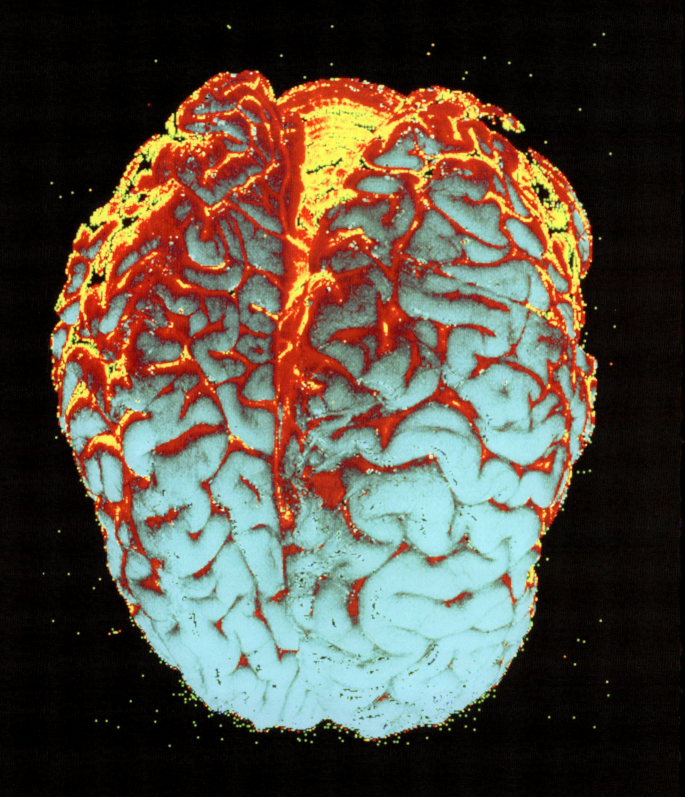

Ameisen gehören zu den erfolgreichsten Tieren der Erde. Sie machen schätzungsweise 15 Prozent der gesamten Biomasse aus. Das liegt vor allem an ihrer besonderen Fähigkeit zur Kooperation: Alle Mitglieder einer Kolonie funktionieren wie Zellen in einem großen Organismus. Da sie alle Nachkommen der Königin sind, macht es – evolutionär betrachtet – Sinn, sich für das Wohl der anderen zu opfern. Einige Ameisen treiben dieses Verhalten jedoch auf die Spitze.

Im 19. Jahrhundert reisten einige Ameisen als blinde Passagiere auf Frachtschiffen von Südamerika in die USA und weiter bis nach Südafrika und Australien. In den neuen warmen Ländern konnten sie sich massenhaft vermehren, ohne von ihren südamerikanischen Parasiten gestört zu werden. Einheimische Ameisen wurden durch die schiere Masse der Kolonisatoren in die Schranken verwiesen. Die größte Superkolonie lebt heute aber in Europa: Sie besteht aus Millionen von miteinander verbundenen Nestern mit genetisch verwandten Tieren und zieht sich von Norditalien bis nach Portugal.

Das Erfolgsgeheimnis der Ameisen liegt in ihrer Fruchtbarkeit (die Nester haben mehrere Königinnen, so dass sie sich schnell vermehren) und in ihrer Friedfertigkeit untereinander. Im Gegensatz zu einheimischen Ameisen vergeuden sie ihre Zeit nicht damit, gegen Mitglieder anderer Kolonien ihrer Art zu kämpfen, sondern nutzen sie zur Futtersuche, Fortpflanzung und Verteidigung. Die ungewöhnliche soziale Organisation macht sie immun gegen mögliche weitere Einwanderer aus Argentinien: Jede Ameise, die kein naher Verwandter ist, wird sofort angegriffen. Deshalb werden die Superkolonien – von Kalifornien bis Australien – auch weiterhin wachsen und gedeihen. Für Asien sind sie bereits vorausgesagt.

# Der erfolgreichste Superorganismus

**NAME**     **Argentinische Ameise** *Linepithema humile*
**LEBENSRAUM**     hat sich über sechs Kontinente verbreitet
**FÄHIGKEIT**     formt Superkolonien mit Milliarden von Ameisen

# Die längste Zunge

**NAME** **Schwärmer** *Xanthopan morganii praedicta*

**LEBENSRAUM** Madagaskar

**LÄNGE** ein 30–35 Zentimeter langer Rüssel, die längste bekannte „Zunge"
im Verhältnis zur Körpergröße

Es ist wahrscheinlich die berühmteste Zunge von allen. Wissenschaftliche Aufmerksamkeit erregte sie erstmals durch eine Notiz von Charles Darwin, dem großen Naturphilosophen des 19. Jahrhunderts und Begründer der modernen Evolutionslehre. 1862 untersuchte er eine Orchidee, die auf Madagaskar im Kronendach des Waldes wächst. Ihre großen weißen Blüten geben nachts einen starken, süßlichen Duft ab. Besonders faszinierte Darwin, dass sich der Nektar in einem rund 30 Zentimeter langen Blütensporn verbarg. Er war davon überzeugt, dass sich die Fortpflanzungsorgane der Orchidee mit der Anatomie der Insekten, die für die Bestäubung zuständig sind, gemeinsam entwickelt haben mussten.

Wohlwissend, dass weiße, nachtduftende Blüten Motten anziehen, schrieb er 1877: «Auf Madagaskar muss es Motten mit Rüsseln geben, die sich auf eine Länge von zehn bis elf inches (rund 25 Zentimeter) ausrollen lassen!» Da die Orchideenblüte keinen Landeplatz für Insekten bereithielt, vermutete Darwin, dass sie von einem schwebenden Nachtfalter bestäubt wird. Für diesen Vorschlag wurde er ausgelacht. Aber 1903 wurde tatsächlich ein Schwärmer entdeckt, dessen Rüssel in die Orchidee passen würde.

Viele Jahre lang konnte die Beziehung der beiden Arten nicht durch Beobachtungen in der Wildnis bestätigt werden. Aber inzwischen wurde der Schwärmer dabei gesehen, wie er die Orchidee besuchte und Pollen wegtrug. Ein weiteres Mysterium bleibt allerdings: Eine nahe Verwandte der Orchidee, *Angraecum longicalar*, besitzt einen 40 Zentimeter langen Blütensporn. Das heißt, es bleibt noch eine Motte mit rekordbrechend langer Zunge zu entdecken.

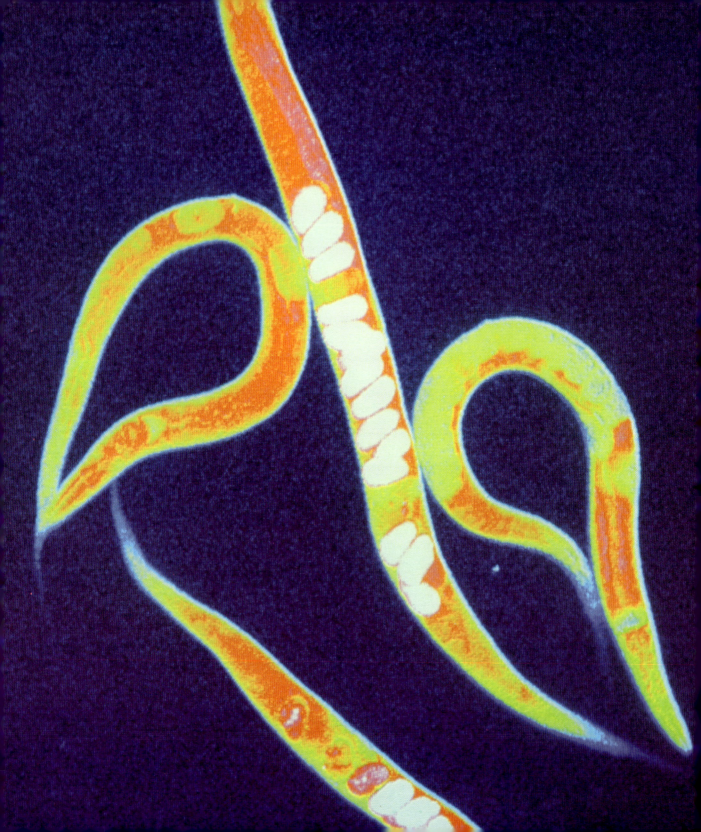

Fadenwürmer sind die häufigsten vielzelligen Tiere. Ihre Gesamtzahl wird nur von den Bakterien übertroffen, aber die gehören zu den Einzellern. Fadenwürmer (auch Nematoden genannt) zeigen, dass es gar nicht viel braucht, um ein vielzelliges Tier zu sein. Die meisten Nematoden bestehen aus kaum mehr als einer äußeren Hülle, einem Muskel, ein oder zwei Nerven, Mund und Darm, Ausscheidungs- und Fortpflanzungsorganen. Mit dieser Minimalausstattung sind sie bereits komplett ausgerüstet und gehören zu den erfolgreichsten Tieren der Erde.

Wenn Sie sich eine Hand voll Erde greifen, so wimmelt es darin wahrscheinlich von Tausenden wurmförmiger Nematoden. Es gibt sie an den Polen und am tiefsten Punkt des Meeres. Sollten die Bedingungen mal zu heiß, zu kalt oder zu trocken werden, überdauern sie in einem Ruhestadium. Der Stamm der Fadenwürmer umfasst mehr Arten als jede andere Tiergruppe außer den Arthropoden (Insekten, Spinnen und ihre Verwandten): Rund 20 000 Nematodenarten sind bekannt, und das ist erst der Anfang. Am besten untersucht sind mikroskopisch kleine Nematoden, die als Parasiten in Menschen, Tieren oder Pflanzen leben. (Wahrscheinlich gibt es keinen Organismus auf Erden, der nicht von ihnen parasitiert wird.) Als Parasiten, besonders im Darm, werden sie richtig groß, und je größer der Wirt, desto größer der Wurm. Ein Nematode, der in einem Pottwal gefunden wurde, war acht Meter lang.

# Der häufigste Wurm

**NAME**   **Fadenwürmer (Nematoden)**
**LEBENSRAUM**   überall – an Land, im Meer, im Menschen
**ANZAHL**   Milliarden von Milliarden

Unter Vögeln hält er gleich mehrere Rekorde: Er ist der größte und schwerste Vogel sowie der schnellste Läufer. Er hat die größten Augen und legt die größten Eier. Wer als Vegetarier so groß wird, muss viel Zeit mit Essen verbringen und täglich viele Kilometer zurücklegen, um ausreichend Futter zu finden. Wenn der Strauß vor Räubern flieht, beschleunigt er mit Hilfe seiner riesigen Oberschenkel bis auf 72 km/h, unterstützt von seinen antilopenähnlichen, zweizehigen Füßen (andere Vögel haben vier Zehen).

Der wissenschaftliche Name *camelus* bezieht sich wohl auf die Tatsache, dass der Strauß mit wenig Wasser auskommt. Er nutzt die Feuchtigkeit von Nahrungspflanzen. Seine lange Luftröhre unterstützt ihn beim Wassersparen, indem sie die eingeatmete Luft abkühlen lässt. Beim Ausatmen enthält sie dann weniger Feuchtigkeit. Seine großen Flügel dienen als Schattenspender und Fächer, und der relativ federfreie Hals sowie die nackten Beine geben Hitze leicht ab.

Obwohl der Strauß sich mit seinen kräftigen Beinen gut selbst verteidigen kann, ist er ein friedliches Wesen – ganz im Gegensatz zu „Stirtons Donnervogel", einem der größten Vögel, die jemals gelebt haben. Dieser flugunfähige australische Riese war mehr als drei Meter groß und wog 500 Kilogramm. Diese albtraumhafte, entenähnliche Kreatur mit dem großen Schnabel (Spitzname „Die Killerente mit dem Pferdehuf") hatte sicher Knochenbrecher-Qualitäten. Der Donnervogel könnte Modell gestanden haben für die prähistorischen Zeichnungen der Aborigines, die känguruartige Riesentiere mit Vogelköpfen zeigen; allerdings starb er wahrscheinlich schon vor etwa 26 000 Jahren aus.

# Der größte Vogel

| | |
|---|---|
| **NAME** | **Strauß** *Struthio camelus* |
| **LEBENSRAUM** | Trockenregionen Afrikas südlich der Sahara |
| **GRÖSSE** | bis zu 2,80 Meter groß und 160 Kilogramm schwer |

Der Blauwal vereint eine ganze Menge Superlative des Tierreichs in sich. Zum Beispiel hat er den schwersten Körper, die lauteste Stimme und den größten Appetit. Im Verhältnis zu seiner Körpergröße frisst er die kleinste Beute, und er gehört zu den mysteriösesten Tieren: Trotz seiner phänomenalen Größe weiß man erstaunlich wenig über ihn. Seine durchschnittliche Länge beträgt 24–27 Meter, der Rekordhalter war mehr als 33 Meter lang und wog 190 Tonnen.

Man fragt sich, wie der Blauwal so groß werden kann, obwohl er nur winzige Krillkrebse frisst. Aber er schluckt diese nahrhaften Energiespender gleich tonnenweise – vier Tonnen oder mehr pro Tag. Ausgestattet mit der lautesten Stimme des Tierreichs, breiten sich seine Niederfrequenztöne über Hunderte oder Tausende von Kilometern im Meer aus. Niemand weiß, ob sie der Kommunikation oder der Langstrecken-Navigation unter Wasser dienen.

Die Größe und Geschwindigkeit des Blauwals schützten ihn in der Zeit, als Wale noch mit einfachen Booten gefangen wurden. Aber im 20. Jahrhundert, als die Schiffe durch Technik immer stärker wurden, schlachteten Walfänger mehr als 350 000 der friedlichen Riesen ab. Fast alle Blauwal-Populationen wurden drastisch reduziert, einige um bis zu 99 Prozent. Seit dem Verbot der Blauwaljagd scheint sich nur die Population, die den Sommer vor Kalifornien verbringt, erholt zu haben. Überall sonst auf der Welt herrscht große Sorge um die Zukunft der blauen Giganten.

# Das riesigste Tier aller Zeiten

| | |
|---|---|
| NAME | **Blauwal** *Balaenoptera musculus* |
| LEBENSRAUM | alle Ozeane |
| GRÖSSE | das größte Tier, das jemals gelebt hat |

Diese urtümlichen Quallenverwandten tauchten erstmals vor 650 Millionen Jahren auf. Eine Portugiesische Galeere ist genau genommen eine Kolonie aus fünf verschiedenen Organismentypen. Je nach Funktion sind sie zuständig fürs Schwimmen, Tasten, Stechen, für die Verdauung und Fortpflanzung. Die Tentakel gibt es in zwei Größen: viele kurze, die unter dem Schwimmkörper hängen, und eine oder mehrere sehr lange (je nach Art), um in der Tiefe zu fischen. Manchmal streckt die Portugiesische Galeere diese langen Tentakel an der Oberfläche und in entgegengesetzter Richtung aus. Dann ist sie zumindest zeitweise länger als der Blauwal (und damit das längste Tier der Erde, wenn man den „dehnbaren" Schnurwurm beiseite lässt, siehe Seite 182).

Die meiste Zeit aber hängen die langen Tentakel herab. Bei Berührung verschießen ihre winzigen Stechzellen (Nematozysten) mit Widerhaken besetzte Pfeile, die die Haut durchdringen und ein Nervengift injizieren. Gerät ein kleiner Fisch in eine Tentakel, wird er sofort gelähmt. Die Portugiesische Galeere zersetzt ihn mit Hilfe von Enzymen, die freiwerdenden Nährstoffe kommen allen Koloniemitgliedern zugute.

Der schlechte Ruf der Portugiesischen Galeere liegt an ihrer Wahllosigkeit, zumindest was Menschen betrifft. Sie jagt dort, wo Wind und Strömung sie zufällig hin verschlagen haben. Oft sind das auch Küsten- und Badegewässer. An den Strand gespült, stirbt sie zwar, aber ihre Nematozysten funktionieren auch nach ihrem Tod – und verursachen jedes Jahr bei Tausenden von Menschen schreckliche Schmerzen.

# Die längsten Waffen

| | |
|---|---|
| **NAME** | **Portugiesische Galeere** *Physalia spec.* |
| **LEBENSRAUM** | tropische und subtropische offene Meere |
| **LÄNGE** | bis zu 35 Meter lange, nesselnde Tentakel |

# Der älteste lebende Klon

**NAME** *Lomatia tasmanica*

**LEBENSRAUM** nur in einer Schlucht in Südwest-Tasmanien

**ALTER** mehr als 43 600 Jahre alt

Dieser bemerkenswerte Strauch, für den es keinen deutschen Namen gibt, wurde vor etwa 70 Jahren entdeckt: vom Hobby-Naturforscher Deny King in den Bergen im Südwesten Tasmaniens. Nachdem es in dieser Region später gebrannt hatte, wurde die Pflanze nicht mehr gesehen, bis King 1965 eine weitere Population in einem kühlen Regenwald auf einer Bergkette weiter östlich entdeckte. Sie wurde als neue Art bestätigt und King zu Ehren benannt *(King's Holly).* Das Mitglied der Proteusgewächse (Proteaceen-Familie) hat seinen engsten Verwandten in Chile. Das weist auf die Zeit hin, als Australien und Südamerika noch miteinander verbunden waren.

Die Lomatia ist steril und triploid – das heißt, sie besitzt drei statt zwei Chromosomensätze. Da sie sich nicht fortpflanzen kann, bilden die attraktiven roten Blüten niemals Samen. Die Pflanze vermehrt sich nur durch Wurzeltriebe. Deshalb sind alle rund 600 Sträucher der Population genetisch identische Klone.

Noch außergewöhnlicher ist, dass fossile Blätter dieser Pflanze in derselben Region gefunden wurden. Optisch sind sie identisch mit den lebenden Blättern, ihr Alter wurde per Radiocarbonmethode auf mindestens 43 000 Jahre datiert. Biologen vermuten daher, dass die fossilen und die heutigen Blätter von derselben Pflanze stammen. Das macht sie zum ältesten bekannten Klon, sie schlägt den Kreosotbusch (mit 11 700 Jahren) und den früheren Rekordhalter, die nordamerikanische Heidelbeere (mit rund 12 000 Jahren). Die Lomatia lebte schon, als *Homo sapiens* und Neandertaler noch gemeinsam existierten. Aber tragischerweise ist diese urtümliche Überlebende nun vom Aussterben bedroht.

# Die längsten Haare

**NAME** **Moschusochse** *Ovibos moschatus*

**LEBENSRAUM** arktisches Alaska, Kanada, Grönland, Europa

**LÄNGE** bis zu 90 Zentimeter

Der berühmte nackte Affe, *Homo sapiens,* kann sein Haar länger als fünf Meter wachsen lassen: Der Weltrekord liegt bei 5,15 Metern. Aber das menschliche Haar dient mehr dem Sexappeal als dem Wärmen, was normalerweise die Funktion der Behaarung ist. Der Rekord sollte deshalb dem längsten wärmenden Haar beziehungsweise Fell gebühren. Das Fell des Moschusochsen hält sicher sehr warm, viel wärmer als das seiner Verwandten, der Schafe und Ziegen.

Moschusochsen haben sogar zwei Felle, ein langes zottiges, das fast bis zum Boden herabhängt, und ein feines, kurzes, sehr warmes Unterfell, das an manchen Stellen bis zu 30 Zentimeter dick ist. Mit beiden Fellen zusammen überstehen Moschusochsen Temperaturen bis zu minus 70 Grad. Diese Superisolation erlaubt ihnen auch, ihren Stoffwechsel um 20 Prozent zu senken, so dass sie mit weniger Futter über die langen, dunklen, eiskalten Winter kommen.

Wenn man bei Moschusochsen an Tiere aus der letzten Eiszeit denkt – etwa, dass sich ihre Wege mit denen des Wollmammuts kreuzten –, so ist diese Assoziation durchaus richtig. Sie teilten die Tundra tatsächlich mit dem Mammut, und überlebten mit wenigen anderen Säugetieren den Einbruch der wärmeren Periode, indem sie sich an den Klimawandel anpassten und sich nur noch am Rand des Eismeers aufhielten. Jahrtausende später, als weiße Siedler mit Gewehren anrückten, hätten sie die Moschusochsen beinahe ausgerottet. Im letzten Moment wurde die Art unter Schutz gestellt und gerettet. Inzwischen werden Moschusochsen an einigen ihrer alten Stammplätze wieder angesiedelt.

# Das haarigste Tier

**NAME** **Seeotter** *Enhydra lutris*
**LEBENSRAUM** pazifische Küstengewässer
**ANZAHL** bis zu 394 000 Haare pro Quadratzentimeter

Ein Seeotter verbringt die meiste Zeit auf dem Rücken liegend im Meer. Entweder ruht er sich aus, pflegt sein Fell oder knackt Muscheln, indem er sie auf einer Art Amboss auf seinem Bauch zerschlägt. Deshalb braucht der Seeotter viel Wärme. Um seine Körpertemperatur zu halten, verbrennt er dreimal so viel Kalorien wie ein Mensch; dafür muss er täglich ziemlich viel fressen – mindestens ein Viertel seines eigenen Körpergewichts an Fisch und Muscheln. Eine dicke Speckschicht, wie sie die meisten Meeressäuger zum Schutz vor Kälte umgibt, würde den Otter zu schwer machen, um an der Wasseroberfläche zu treiben. Deshalb setzt er auf Pelz, und zwar den dicksten im Tierreich.

In seinem feinen, flaumigen Unterfell lagert sich Luft ein, was gut gegen Kälte isoliert. Darüber liegt das bis zu 3,5 Zentimeter lange Deckhaar, das so dicht ist, dass es Wasser nicht durchdringen lässt. Für die Pelzpflege wendet der Otter bis zu einem halben Tag auf: putzen, bürsten, legen, Luft ins Unterfell pusten und mit körpereigenem Öl gegen Wasser imprägnieren.

Ein Seeotterbaby kommt quasi mit einer Schwimmweste zur Welt – mit einem Unterfell, das Auftrieb gibt. Deshalb kann es in den ersten Monaten seines Lebens auch nicht tauchen, bis das Unterfell durch das Erwachsenenfell ersetzt wird. Allerdings hat der Luxuspelz die Seeotter zur begehrten Beute von Jägern gemacht, die die Art beinahe ausgerottet hätten. Nun sind Seeotter zwar streng geschützt, aber die Verschmutzung des Meeres mit Ölrückständen macht ihnen zu schaffen. Sobald der Pelz mit der Petrochemie in Berührung kommt, verliert er seine Isolierfähigkeit. Der Seeotter stirbt entweder an Unterkühlung oder an Vergiftung, weil er versucht hat, seinen Pelz zu reinigen.

# Das größte Maul

Die größten Mäuler findet man im Meer. Das weiteste Maul gehört dem Walhai (siehe Seite 162) und die größte „Schöpfkelle" dem Blauwal mit seinem riesigen, gefalteten Rachen (siehe Seite 198). Beide Tiere sind effektive Planktonfiltrierer, die sich von relativ kleiner Beute ernähren. Die allergrößten Mäuler aber sind jene, die große Tiere verschlingen können, so wie die des Sackmaulaals und des Schwarzen Tiefseebartelfisches. Das sind lang gestreckte Tiefseebewohner mit großen, ausschwenkbaren Kiefern.

Wenn man aber das Verhältnis von Maul- und Körpergröße betrachtet, kann es keiner von ihnen mit den Rippenquallen der Gattung *Beroe* aufnehmen. Sie ist im Grunde nichts anderes als ein riesiger Magen, der von einer dünnen, muskulösen Gallertschicht umgeben ist. Und die öffnet sich zu einem enorm großen Mund. Mit Hilfe ihrer acht Reihen geißelbesetzter Kammplättchen schwimmt die Rippenqualle durchs Wasser; statt Augen hat sie lichtempfindliche Sensoren. Ihre Beute kann sie wahrscheinlich „riechen".

Während sie sich fortbewegt, bleiben ihre Lippen fest geschlossen – bis zu dem Moment, wo sie auf Beute stößt, egal welcher, von Fisch bis zu anderen Rippenquallen. Das weit verzweigte Nervennetz der *Beroe*-Arten signalisiert den Lippenmuskeln, sofort aufzuspringen, so dass die Qualle ihre Beute gleich als Ganzes schlucken kann. Sollte sie dafür zu groß sein, beißt *Beroe* mit ihren Tausenden spitzen „Zähnchen" (Makrocilien) ein großes Stück davon ab. Dann verschließen die Lippen das Maul aller Mäuler wieder, und eine aufgeblähte Rippenqualle schwimmt davon, um ihr Mahl zu verdauen.

| | |
|---|---|
| NAME | **Rippenquallen** *Beroe spec.* |
| LEBENSRAUM | in den meisten Meeren |
| GRÖSSE | Magen und Mund 5–30 Zentimeter lang (bzw. weit) |

# Die meisten Federn

**NAME** **Tundraschwan** *Cygnus columbianus*
**LEBENSRAUM** Nordamerika
**ANZAHL** 25 216 Federn

Eine Gruppe von Vogelbeobachtern hat sich 1933 tatsächlich die Mühe gemacht, die Federn eines toten Tundraschwans zu zählen. Abgesehen davon, dass es Stunden dauerte, zählten sie allein auf dem Kopf und Hals erstaunliche 20177 Federn. Viele Vögel haben hier mehr als ein Drittel all ihrer Federn – vielleicht um ihr Gehirn gegen Kälte zu schützen, wenn sie sehr hoch fliegen.

Tundraschwäne leben monogam. Deshalb brauchen sie nicht in Schmuckgefieder zu investieren, um jedes Jahr um einen neuen Partner zu werben. Zur Futtersuche sind sie allerdings im Wasser, weshalb sie ihr Gefieder beinahe ständig putzen und einfetten müssen (aus einer Drüse am Hinterleib), damit es sie vor Kälte und Nässe schützt. Erwachsene Tiere wech-

seln ihr Fluggefieder von Juli bis Mitte August, während sie sich an den arktischen Brutplätzen aufhalten und bevor sie im Herbst zu ihrer langen Reise südwärts starten. Den Rest ihrer Tausende von Federn wechseln sie schrittweise, vom Sommer an bis zum folgenden Frühjahr. Deshalb findet man an einem Nest oder Rastplatz des Tundraschwans höchstens ein paar Federkiele, also nie mehr als einen kleinen Anteil seiner 25 000 Federn.

Den Rekord für die niedrigste Federzahl hält mit 940 wahrscheinlich der Rubinkehlkolibri. Aber relativ zu seiner Körpergröße hat dieses winzige Vögelchen viel mehr Federn als der Tundraschwan, der rund 2000-mal größer ist.

Die Evolution hat den Tieren oft ein herausragendes Merkmal mitgegeben, und Giraffen sind der sichtbarste Beweis dafür. Kein anderes großes Säugetier kann in den oberen Etagen der Akazienbäume äsen, außer vielleicht dem Elefanten. Mit ihren sensiblen Lippen und der 45 Zentimeter langen Zunge holt sich die Giraffe die Blätter geschickt aus ihrer dornigen Umgebung. Auf diese Weise kann sie sich pro Tag bis zu 34 Kilogramm der nahrhaften Blätter einverleiben. Die darin enthaltene Flüssigkeit ermöglicht es der Girafffe zugleich, lange Zeit ohne Wasser auszukommen. Um an einem Wasserloch zu saufen, muss sie ihre Vorderbeine weit auseinander stellen, um den Kopf herunterbeugen zu können. Dann ist sie außerdem ganz auf die Funktionstüchtigkeit ihrer Gefäßklappen angewiesen, die verhindern, dass der Giraffe beim Trinken das gesamte Blut in den Kopf schießt.

Ihre Höhe, Größe und hervorragende Sehfähigkeit schützen die Giraffe tagsüber vor Angriffen aus dem Hinterhalt (für andere Tiere kann sie eine Alarmanlage sein, die vor Räubern warnt). Aber nachts, wenn sie liegt, um ihre schwer verdauliche Pflanzennahrung wiederzukäuen, sind Löwen eine große Gefahr für sie. Immerhin könnte sie sich mit einem kräftigen Fußtritt zur Wehr setzen. Aber wenn sie die Löwen rechtzeitig wittert, ergreift sie lieber die Flucht und galoppiert davon mit ihrem rollenden, langbeinigen Gang, der über ihre Geschwindigkeit hinwegtäuscht: 50–60 km/h.

# Das höchste Tier

| | |
|---|---|
| NAME | **Giraffe** *Giraffa camelopardalis* |
| LEBENSRAUM | Afrika südlich der Sahara |
| GRÖSSE | die Männchen sind bis zu 5,50 Meter hoch |

Die Natur ist voller Waffen: Hörner, Hauer, Geweihe, Stoß-
zähne. So martialisch rüsten sich die Männchen für den
Kampf gegen Rivalen oder um Weibchen zu beeindrucken.
Aber nur ein Tier entwickelt eine Waffe aus einem einzigen,
langen Zahn: der Narwal. Der Stoßzahn des Männchens ist
genau genommen sein oberer linker Schneidezahn. Statt im
Zahnfleisch eingebettet zu bleiben wie bei den meisten Weibchen, bohrt er sich durch die Oberlippe und wächst nach
außen. Dabei dreht er sich (von der Wurzel aus betrachtet
gegen den Uhrzeigersinn) und wird zu einer durchschnittlich
zwei Meter langen Lanze. Damit ist er ungefähr halb so lang
wie der Walkörper. In Ausnahmefällen werden die Stoß-
zähne bis zu drei Meter lang und zehn Kilogramm schwer.
Sie sehen aus wie knorrige, verdrehte Spazierstöcke.

Der Sinn dieses Zahns hat Wissenschaftlern lange Zeit
Kopfzerbrechen bereitet. Dient er dazu, mit Speer zu fischen,
Futter auszugraben oder Eis zu durchbohren? Viele Hypo-
thesen wurden aufgestellt und wieder verworfen. Inzwischen
weiß man, dass die Männchen ihre „Degen" an der Wasseroberfläche kreuzen. Narben und Wunden am Kopf der Tiere
in Kombination mit einer hohen Zahl von abgebrochenen
Zähnen sprechen dafür, dass sie eingesetzt werden, um zu
kämpfen oder zumindest zu drohen. Bis Anfang des 17. Jahrhunderts galt der Narwalzahn als Horn des mythenumwo-
benen Einhorns. Händler und Chemiker hielten die Existenz
des Wals geheim, während sie „Einhorn-Hörner" mit magi-
schen Heilkräften zu Höchstpreisen verkauften. Königin
Elisabeth I. hat immerhin 10 000 britische Pfund für so ein
„Einhorn" bezahlt.

# Der imposanteste Zahn

| | |
|---|---|
| NAME | **Narwal** *Monodon monoceros* |
| LEBENSRAUM | arktische Gewässer |
| GRÖSSE | ein bis zu 3 m langer, verdrehter Vorderzahn |

Diese Augen gehören einem gefürchteten Räuber, der in den dunklen Tiefen der kältesten Ozeane jagt. Da bislang erst wenige erwachsene Exemplare untersucht worden sind, weiß man noch nicht genau, wie er seine riesigen, vorstehenden Augen nutzt. Aber er kann seine Umgebung aufhellen, indem er buchstäblich leuchtet. Das ermöglicht ihm, seine suppentellergroßen Augen auf schnell schwimmende Beute zu richten, etwa den Schwarzen Seehecht. An so einem Fisch fraß auch ein junges Kolosskalmar-Weibchen, als es 2003 von Fischern im Rossmeer gefangen wurde.

Die großen Augen gehen mit dem massigsten Körper einher, den man bisher von wirbellosen Tieren kennt. Das Weibchen aus dem Rossmeer wog 150 Kilogramm und war mit ausgestreckten Tentakeln knapp 5,40 Meter lang, von denen allein der Körper 2,50 Meter maß (Eingeweidesack und Mantel). Die Art kann bis zu 15 Meter lang werden, mit einem Mantel von bis zu vier Metern, und sich schnell bewegen. Die verdickten Keulen an den Enden der beiden Fangtentakel sind mit bis zu 25 rasiermesserscharfen Hakenklauen bewehrt, die auch noch drehbar sind. Aus ihnen kann die Beute kaum entkommen. *Mesonychoteuthis* hat auch einen großen, papageienartigen Schnabel, was den Tintenfisch zu einem der furchterregendsten Räuber der Meere macht.

# Die größten Augen

| | |
|---|---|
| **NAME** | **Hamiltons Kolosskalmar** *Mesonychoteuthis hamiltoni* (das Foto zeigt ein Modell) |
| **LEBENSRAUM** | tiefe, kalte Meere |
| **GRÖSSE** | 60 Zentimeter oder mehr |

Dieses Bild zeigt einen einzigen großen Baumkomplex aus genetisch identischen Stämmen. Sie sind über ein gemeinsames Wurzelwerk miteinander verbunden und wiegen zusammen Tausende von Tonnen. Obwohl die einzelnen Bäume nur relativ kurz leben, ist der Klon selbst mindestens 10 000 Jahre alt. Er besteht aus rund 47 000 Einzelbäumen, die alle männlichen Geschlechts sind. Vielleicht ist er sogar noch viel älter. Obwohl die Stämme vergleichsweise dünn sind und selten sehr hoch wachsen, bedeckt der Baumkomplex eine Fläche von mindestens 43 Hektar.

Die Amerikanische Zitterpappel kann sich normal fortpflanzen und Samen produzieren. Wenn aber die Bedingungen für die Samenkeimung ungünstig sind, etwa weil der Baum durch Feuer oder eine Schneelawine beschädigt wurde, dann wählt er die schnelle, vegetative Vermehrung und treibt neue Schösslinge, um gestürzte Bäume zu ersetzen. Bis zu einem gewissen Maß ist die Zitterpappel feuerresistent und gedeiht besser nach periodischen Waldbränden, weil andere Baumarten dadurch aus dem Weg geräumt wurden.

Ein Wurzelsystem wie das des Riesenklons kann fast eine halbe Million Schösslinge pro Hektar produzieren. Sie legen in einer Wachstumssaison bis zu einem Meter zu; da halten andere Bäume kaum mit. Deshalb ist die Zitterpappel der am weitesten verbreitete Baum des Kontinents – und nach dem Wacholder der meistverbreitete Baum der Welt.

# Der schwerste Baum

| | |
|---|---|
| **NAME** | **Amerikanische Zitterpappel** *Populus tremuloides* |
| **LEBENSRAUM** | Wasatch Range, Utah, USA |
| **GEWICHT** | 6 000 Tonnen |

# Das fetteste Raubtier

**NAME**    **Eisbär** *Ursus maritimus*

**LEBENSRAUM**    Arktis und Subarktis

**FÄHIGKEIT**    eine Bärin kann pro Saison das Vierfache ihres Gewichts zunehmen

Eisbären sind groß und schwer: Beeindruckende 200–600 Kilogramm bringen sie durchschnittlich auf die Waage. Ein Männchen, das in Alaska geschossen wurde, soll angeblich sogar 1200 Kilogramm gewogen haben, aber das ist nicht bestätigt. Zum Vergleich: Die massigsten Bären sind die Kodiakbären – Grizzlys am Golf von Alaska –, ihr Rekord liegt bei 715 Kilogramm.

Trächtige Eisbärinnen verbringen die meiste Zeit des Herbstes und frühen Winters schlafend. Wenn sie nicht schlafen, suchen sie nach Futter, hauptsächlich nach fetten Robben und deren Jungen. Am Ende eines guten Frühlings können sie sich Fettreserven angefressen haben, die mehr als die Hälfte ihres Körpergewichts ausmachen. Deshalb halten sie den Rekord für das Landsäugetier, das im Erwachsenenalter am meisten Fett zu sich nehmen kann. Obwohl die Weibchen kleiner als die Männchen sind, ist ihre jährliche Gewichtszunahme viermal größer. Während des Winterschlafs haben die Bärinnen eine niedrigere Stoffwechselrate sowie eine geringere Herz- und Atemfrequenz. Sie fressen und trinken weder, noch müssen sie urinieren oder koten. Aber ihr Körper verbrennt seine Fettreserven, so dass die Temperatur nur wenige Grad unter Normal sinkt.

Leider droht den Eisbären große Gefahr durch den Klimawandel und die chemische Verseuchung ihrer Lebensräume. Das Packeis, auf das die Bären zur Robbenjagd angewiesen sind, friert später zu und fängt früher wieder an zu tauen. Das bedeutet, den Bären bleibt immer weniger Zeit, sich ihre lebensnotwendigen Speckvorräte anzufressen. Das Durchschnittsgewicht hat in manchen Populationen bereits abgenommen. Wissenschaftler sorgen sich um die Zukunft der Art, da besonders Weibchen ohne ausreichende Fettreserven keine Jungen aufziehen können.

Es gibt drei bekannte Arten von Fuchshaien – den Gemeinen Fuchshai, den Großaugen-Fuchshai und den Indopazifischen Fuchshai. Aber der Gemeine Fuchshai ist der größte, und er hat die längste Schwanzflosse. Bei den größten Tieren wird sie möglicherweise bis zu drei Meter lang.

Alle Fuchshaie haben die gleiche Grundform mit einer sensenartigen Schwanzflosse, deren langer oberer Teil beinahe schon wie ein eigener Schwanz aussieht. Fuchshaie haben nicht die längste Flosse der Welt – die hat wahrscheinlich der Buckelwal (siehe Seite 32) mit seinen enormen Brustflossen, die mehr als fünf Meter lang sein können. Der Fuchshai hat aber die längste Brustflosse im Verhältnis zur Körpergröße.

Seine Schwanzflosse benutzt der Fuchshai vermutlich wie eine Peitsche. Schwärme von kleinen Fischen oder Tintenfischen umkreist er in immer enger werdenden Kreisen, dann übt er mit der Flosse einen heftigen Schlag aus, der die geängstigte Beute lähmt oder tötet. Da aber erst wenige dieser Haie unter Wasser beobachtet wurden, hat man für diese Hypothese noch keine Beweise. Man kennt die Methode nur von Killerwalen (siehe Seite 48). Allerdings wurden Fuchshaie dabei beobachtet, wie sie auf diese Weise Seevögel an der Wasseroberfläche töteten. Wie Angler berichten, haben sie schon Fuchshaie an Lebendködern gehabt, allerdings nicht am Maul aufgehakt, sondern am Schwanz. Wie alle Haie weltweit werden auch Fuchshaie das Opfer von Fischern, die es ausschließlich auf die Flossen abgesehen haben. Daraus wird die teure Haifischflossensuppe hergestellt.

# Die längste Flosse

**NAME** **Gemeiner Fuchshai** *Alopias vulpinus*
**LEBENSRAUM** tropische und gemäßigte Ozeane
**LÄNGE** bis zu sechs Meter lang, fast halb so lang wie seine Schwanzflosse

# Die größte Blüte

| | |
|---|---|
| **NAME** | **Rafflesia** *Rafflesia arnoldii* |
| **LEBENSRAUM** | Borneo und Sumatra |
| **GRÖSSE** | Durchmesser bis zu 0,9 Meter, elf Kilogramm schwer |

Die Blüte ist alles, was man jemals von einer Rafflesia zu sehen bekommt. Der Rest dieser faszinierenden Pflanze lebt als Parasit in der tropischen Kletterpflanze *Tetrastigma*, einer Verwandten der Weinrebe. Da Rafflesia alle Nährstoffe von ihrem Wirt bekommt, ist sie vollständig von ihm abhängig.

Es ist sehr selten, dass eine Rafflesiaknospe auf ihrem Wirt am Waldboden sprießt. Neun Monate dauert ihre Entwicklung, bis sie förmlich aufspringt. Ihre fünf dicken, roten Kronblätter biegen sich zurück, wobei ein übler Gestank nach faulem Fleisch ausströmt. Es gibt rein weibliche und rein männliche Blüten. Der Geruch lockt aasfressende Käfer und Fliegen an, die für die Bestäubung sorgen. Da sie nicht weit fliegen, müssen die Blüten nahe beieinander liegen und sich zur gleichen Zeit öffnen, damit der Pollen innerhalb von ein paar Tagen von den männlichen auf die weiblichen Pflanzen übertragen werden kann. Rätselhaft ist, wie einige der Tausende von kleinen Samen auf der Wirtspflanze *Tetrastigma* landen können. Vermutlich gelangen sie über den Kot von Spitzmäusen und Eichhörnchen dahin. Irgendwie gelingt es dem Samenkorn dann, in den Stengel der Ranke einzudringen, wo es zu keimen beginnt. Aber bis sich schließlich eine Knospe bildet, vergehen viele Jahre.

Rafflesias wissenschaftlicher Name erinnert an zwei bekannte Pflanzen- und Tiersammler des 19. Jahrhunderts: Sir Stamford Raffles, den Begründer von Singapur, und Joseph Arnold, Botaniker.

Leider verschwindet mit dem Regenwald auch die Wirtspflanze der Rafflesia, so dass sie selbst auch bald Geschichte sein wird.

# Der kleinste Vierbeiner

**NAME** *Eleutherodactylus iberia*
**LEBENSRAUM** Kuba
**GRÖSSE** nur einen Zentimeter lang

Ein Brasilianer würde wahrscheinlich den Brasilianischen Goldfrosch als kleinsten Frosch bezeichnen. Ein Kubaner den *Eleutherodactylus iberia* (für den es noch keinen deutschen Namen gibt). Beide sind etwa einen Zentimeter lang. Aber da Kuba noch weitere Anwärter auf diesen Titel beherbergt, scheint es nur fair, den Rekord an die Zuckerrohrinsel zu geben. Zu den Titelbewerbern gehören der „Tetas de Julia"-Frosch (wörtlich bedeutet das „Brüste von Julia"-Frosch, benannt nach den Bergen, wo er gefunden wurde), sowie der weniger zweideutig benannte Gelbstreifen-Pygmäen-Frosch. Auf Kuba lebt ein Drittel aller Amphibien der Karibik. Erstaunlicherweise kommen 94 Prozent von ihnen nur dort und nirgendwo sonst auf der Welt vor. Allerdings sind viele von ihnen durch die Vernichtung ihres Lebensraums (Abholzung, Abbau von Metallen) bedroht sowie durch so exotische Einwanderer wie Ratten und Katzen.

*Eleutherodactylus iberia* wurde 1993 von dem kubanischen Biologen Alberto Estrada entdeckt. Seine Expedition galt dem extrem seltenen Elfenbeinspecht. (Zuletzt hatte Estrada diesen großen Vogel 1986 auf Kuba gesehen. Danach wurde er im US-Bundesstaat Arkansas wiederentdeckt.) Auf den Frosch wurde er durch ein „zischendes" Gequake aufmerksam; der Kehlkopf des Frosches ist im Zuge der evolutionären Verkleinerung winzig geworden. Als Estrada die metallischen Kupferstreifen und den lila Bauch sah, wurde ihm klar, dass er gerade eine neue Art entdeckt hatte. Nach Ansicht der meisten Biologen ist der kleinste Frosch zugleich auch das kleinste vierbeinige Wirbeltier überhaupt.

An den Strand gespülte Exemplare dieser schlangenförmigen Fische lieferten wahrscheinlich die Grundlage für einige Seemonstergeschichten. Da der silbrig glänzende Fisch nur selten an der Oberfläche gesehen wird und sich die meiste Zeit über in tieferem Wasser aufhält, ist kaum etwas über sein Leben und Verhalten bekannt. Die Rückenflosse, die an der Oberfläche hellrot leuchtet, zieht sich über den ganzen Körper und bewegt sich wellenförmig. Scheinbar benutzt der Riemenfisch sie, um waagerecht durchs Wasser zu „schweben". Er schwimmt aber auch senkrecht auf und ab, was für einen Fisch sehr ungewöhnlich ist.

Die wenigen Menschen, die je einen Riemenfisch schwimmen gesehen haben, berichten, dass er sich schnell bewegt. Er hat große Augen, was an einen Tiefseeräuber denken lässt. Da er keine Zähne hat, könnte er ein Planktonfiltrierer sein. Allerdings hat er ein relativ großes Maul und ist vermutlich in der Lage, kleine Fische, Tintenfische und Krabben einzusaugen. Vielleicht dienen die langen Flossenstrahlen auf seinem Kopf als Köder oder aber als Tastorgane, und er lauert auf Beute, während ihn sein fein beschuppter, silbriger Körper im blauen Ozean nahezu unsichtbar macht. Der Riemenfisch trägt sicher auch zur Verwirrung der Meeresräuber bei, die waagerechte Fische gewöhnt sind. Vor allem, wenn er plötzlich senkrecht abtaucht, rasant schnell und mit dem Hinterleib zuerst – ein wahrlich beeindruckendes Bild.

# Der längste Fisch

| | |
|---|---|
| NAME | **Riemenfisch** *Regalecus glesne* |
| LEBENSRAUM | weltweit in gemäßigten und tropischen Gewässern |
| GRÖSSE | bis zu 15,20 Meter lang |

# Das sackartigste Tier

**NAME** **Titicaca-Pfeiffrosch** *Telmatobius culeus*
**LEBENSRAUM** Titicacasee, Anden (Peru/Bolivien)
**FÄHIGKEIT** atmet durch seine sackartige Haut

Große Seen ohne Zuflüsse sind wie ozeanische Inseln, wo die Arten anderen Evolutionskriterien unterliegen als sonstwo in der Welt. So ein See ist der Titicacasee in den Anden, der sich vor allem aus Schmelz- und Regenwasser speist.

Der 8 340 Quadratkilometer große See gehört auch zu den höchstgelegenen Seen der Welt (in 3 815 Meter Höhe); er hat deshalb nur wenig Sauerstoff zu bieten. Die wichtigste Anpassung seiner Bewohner ist die Fähigkeit, mit wenig Sauerstoff auszukommen. Zu ihnen gehört der Titicaca-Pfeiffrosch, eines der wenigen Amphibien, die nicht zum Luftholen an die Oberfläche kommen müssen. Obwohl er noch rudimentäre Lungen besitzt und Luft atmen kann, wenn es sein muss, bleibt er die meiste Zeit unter Wasser und nimmt den Sauerstoff über seine Haut auf. Je mehr Haut er hat, desto mehr Sauerstoff kann er absorbieren.

Um ihm also das Atmen zu erleichtern, hängt seine Haut in schlabberigen Falten am Körper und bildet eine mehr als doppelt so große Oberfläche, als wenn sie eng am Körper anliegen würde. Zufällig gehört er auch zu den größten Fröschen der Welt. Ein Exemplar soll 50 Zentimeter groß und ein Kilogramm schwer gewesen sein. Je größer ein Titicaca-Pfeiffrosch wird, desto mehr Haut braucht er zum Atmen. Das bedeutet, dass der größte seiner Art auch der sackartigste Frosch ist.

EXTREMES **WACHSTUM**

Diese Pflanze besteht nur aus ein paar Blättern auf einem kurzen, schüsselförmigen Stängel. Einzelne Pflanzen werden sehr alt. Ihre streifigen Blätter wachsen und wachsen, ohne je abzufallen. Aber da der Wind an ihnen zaust, werden sie nicht länger als etwa sechs Meter und sind manchmal arg zerfetzt. Theoretisch könnten sie 200 Meter lang werden.

Welwitschia wächst normalerweise dicht genug an der Küste, um die Feuchtigkeit des Nebels nutzen zu können, der nachts vom Atlantischen Ozean heranzieht. Die Feuchtigkeit kondensiert auf ihren Blättern und wird sowohl zu den Wurzeln geleitet als auch über die Atemporen des Blattes (Spaltöffnungen) aufgenommen. Manchmal speichert Welwitschia Wasser durch eine besondere Methode der Photosynthese, des pflanzlichen Prozesses zur Zuckerherstellung. Normalerweise nehmen die Pflanzen tagsüber Kohlendioxid durch ihre Spaltöffnungen auf und wandeln es unter Lichteinwirkung in Kohlenhydrate um. Welwitschia nimmt das Kohlendioxid aber nachts auf, wenn die Luft kühler ist und die Pflanze nicht so viel Feuchtigkeit durch Transpiration verliert. Die Kohlenstoffatome lagert sie bis zum Sonnenaufgang zwischen (chemisch in Säuren gebunden) und beginnt dann mit der Photosynthese.

An Stelle von Blüten produziert Welwitschia Zapfen, so wie andere Pflanzen aus ihrer Gruppe (Gymnospermen) auch. Dazu gehören Koniferen, Ginkgos oder Baumfarne. Die Zapfen sind entweder männlich (mit Pollen) oder weiblich und bilden Samen. Beide produzieren eine klebrige Flüssigkeit: die männlichen Zapfen, um Insekten anzulocken, damit sie ihren Pollen weitertragen, die weiblichen, um den Pollen festzuhalten.

# Die ältesten Blätter

| | |
|---|---|
| **NAME** | **Welwitschia**, *Welwitschia mirabilis* |
| **LEBENSRAUM** | Wüste Namib, Südwesten Afrikas |
| **ALTER** | kann mehr als 1500 Jahre alt werden |

# Das seltenste Tier

Dies ist die einzige Galapagos-Riesenschildkröte der Insel Pinta, die überlebt hat. Isoliert liegende Inseln mit einzigartigen Tieren und Pflanzen wurden von den Schiffsbesatzungen früher als Raststätten im Meer gesehen. Die riesigen Schildkröten auf Pinta und anderen Galapagosinseln waren für die Segler im 19. Jahrhundert buchstäblich ein gefundenes Fressen. Jede einzelne von ihnen machte viele Matrosen satt und kam selbst bis zu einem Jahr ohne Futter aus. Später wurden Ziegen als Lebendvorrat auf Pinta ausgesetzt, die den Schildkröten ihre Nahrungspflanzen wegfraßen.

Die letzte Schildkröte auf Pinta wurde 1906 gesehen, bis 1971 George gefunden wurde. Er ist mehr als 80 Jahre alt und lebt nun im Darwin-Forschungszentrum auf der Insel Santa Cruz. Aber George ist eine Unterart, und es gibt noch Riesenschildkröten auf den anderen Inseln. Welches ist dann die seltenste Art von allen?

Es könnte der Jangtse-Delphin sein, der so selten ist, dass nur eine Hand voll Individuen überlebt hat (wenn überhaupt). Oder der hawaiische „Po'ouli", ein kleiner braunschwarzer Vogel, von dem das letzte bekannte Exemplar 2004 starb; aber es ist nicht sicher, ob andere überlebt haben. 1984 begegnete einem Ornithologen nachts überraschenderweise ein Fiji-Sturmvogel – die Art war zuletzt 1855 gesichtet worden. Danach wurden noch weitere Exemplare dieser Sturmvögel gesehen, aber niemand weiß, wie wenige es noch gibt. Das Traurige ist, dass sich diese Liste endlos fortsetzen ließe.

| | |
|---|---|
| **NAME** | **Der einsame George** |
| | *Geochelone nigra abingdoni* |
| **LEBENSRAUM** | ursprünglich von der Galapagosinsel Pinta, jetzt auf Santa Cruz |
| **STATUS** | weltweit einziges lebendes Exemplar |

# Der winzigste Säuger

Es gibt eine ernstzunehmende Debatte darüber, welche Art diesen Rekord hält. Die Hummelfledermaus hat allerdings die geringste Körperlänge und ist eine der seltensten Fledermäuse der Welt. Sie wurde 1973 in Kalksteinhöhlen in Thailand entdeckt – von der thailändischen Biologin Kitti Thonglongya, nach der sie auch benannt ist. Eine weitere Population wurde später in Birma entdeckt.

Da bislang erst wenige Individuen vermessen und gewogen worden sind, kann man noch nicht viel über die Durchschnittsmaße sagen. Aber die Hummelfledermaus scheint etwas schwerer zu sein als eine andere Anwärterin auf den Titel „kleinstes Säugetier": die weit verbreitete Etrusker-Spitzmaus. Sie wiegt nur 1,2–2,7 Gramm und ist 3,6–5,3 Zentimeter lang (ohne Schwanz, die Hummelfledermaus hat ohnehin keinen Schwanz).

So klein zu sein, ist für beide Tiere ein Problem, weil sie im Verhältnis zum Volumen eine große Körperoberfläche haben, was zu großen Wärmeverlusten führt. Sie müssen deshalb viel und regelmäßig essen. Beide sind unersättliche Jäger. Die Fledermaus fängt hauptsächlich Fliegen, die Maus jagt alles, was klein oder langsam genug für sie ist. Für ihren rasenden Lebenswandel haben sie große, schnell schlagende Herzen und spezielle, schnell kontrahierende Muskeln. Wenn es kalt wird oder das Futter knapp, wählen beide dieselbe Überlebenstrategie: Sie fallen in eine Starre und warten auf bessere Zeiten.

**NAME**    **Hummelfledermaus** oder **Kittis Fledermaus**
*Craseonycteris thonglongyai*
**LEBENSRAUM**    Thailand und Birma
**GRÖSSE**    nur 2,9–3,3 Zentimeter lang,
wiegt 1,7–3 Gramm

# Die älteste Samen-pflanze

**NAME**    **Ginkgo** *Ginkgo biloba*

**LEBENSRAUM**    ursprünglich nördliche, gemäßigte Zone, nun in Gärten und Straßen

**ALTER**    die Gattung datiert 280 Millionen Jahre zurück

Dieser Baum ist der ultimative Überlebende. Die im August 1945 über Hiroshima abgeworfene Atombombe löschte alles Leben in der Stadt aus, einschließlich eines bestimmten Ginkgobaums. Im Frühling 1946 keimte aus seinen verbrannten und verstrahlten Überresten überraschenderweise ein Schössling. Heute ist er ein gesunder Baum im Garten eines Tempels, der einen Kilometer vom Explosionszentrum entfernt liegt.

Als Ginkgos vor 280 Millionen Jahren auf der Erde auftauchten, waren sie keine Angiospermen – Blütenflanzen, die Samen und Früchte bilden. *Ginkgo biloba*, der letzte Überlebende der Ginkgofamilie, steht genau genommen zwischen den primitiven Baumfarnen und Koniferen sowie den ersten Blütenpflanzen. Er überstand verheerende Vulkanausbrüche, Asteroideneinschläge und große Umweltveränderungen, die andere Pflanzen zum Aussterben gebracht haben oder zu evolutionären Anpassungen zwangen.

Sein wirkliches Problem waren die Eiszeiten. Sie vertrieben den Ginkgo vor sieben Millionen Jahren aus Nordamerika und vor drei Millionen Jahren aus Europa. Aber das Eis verschonte Teile des südöstlichen Chinas, und dort wurde der Ginkgo von einer sehr neu entwickelten Art unterstützt – vom *Homo sapiens*. Der Baum wurde von Chinesen in den antiken Tempelgärten kultiviert. Heute ist er in der Wildnis wahrscheinlich ausgestorben, überlebt aber in den Städten der ganzen Welt auf Grund seiner Resistenz gegenüber Luftverschmutzung und Krankheiten.

EXTREMES **WACHSTUM**    239

Das größte Reptil der Welt wiegt bis zu 1 200 Kilogramm. Männliche Leistenkrokodile sind ab einer Größe von 3,20 Metern geschlechtsreif, die kleineren Weibchen ab 2,20 Metern. Aber beide Geschlechter wachsen weiter und können 100 Jahre alt werden. Den offiziellen Rekord für das längste Krokodil hält ein Männchen von rund sieben Metern. Aber es soll in den 1950er Jahren in Sabah, auf der Insel Borneo, ein über zehn Meter langes Biest gelebt haben. Seine Länge wurde anhand des Abdrucks gemessen, den es im Sand zurückgelassen hatte. Heute sind mehr als sechs Meter lange Exemplare allerdings selten.

Die Augen, Ohren und Nasenlöcher liegen beim Leistenkrokodil oben auf seinem riesigen Kopf. So kann es im Wasser liegend auf Beute lauern, wobei der größte Teil seines Körpers unter der Oberfläche verborgen ist. Kräftige Kiefermuskeln ermöglichen ihm, bis zu einer Tonne Kraft auszuüben – genug, um seine Beute mit den ineinander greifenden Zähnen zu zermalmen. Da das Leistenkrokodil stundenlang unter Wasser bleiben kann, ist es ihm ein Leichtes, große Säugetiere einfach zu ertränken.

Als ein Raubtier, das einfach alles frisst – Fische, Vögel, andere Krokodile und Säugetiere – , verschont ein Leistenkrokodil auch Menschen nicht. In Regionen, wo Menschen in Gewässern baden, in denen die Krokodile hausen, sind Angriffe daher nichts Ungewöhnliches. Von diesem Reptil sollte man größtmöglichen Abstand halten.

# Das größte Reptil

| | |
|---|---|
| **NAME** | **Leistenkrokodil** *Crocodylus porosus* |
| **LEBENSRAUM** | Süßwasser, aber auch Brack- und Salzwasser, von Indien bis Südostasien und Australasien |
| **GRÖSSE** | bis zu zehn Meter lang |

# Der schwerste Baum- bewohner

| | |
|---|---|
| NAME | **Orang-Utan** *Pongo pygmaeus* |
| LEBENSRAUM | Sumatra und Borneo |
| GEWICHT | Männchen können bis zu 135 Kilogramm wiegen |

Das Leben in den Bäumen ist normalerweise leichteren Tieren vorbehalten. Je schwerer sie sind, desto weniger Äste gibt es, die sie tragen könnten. Außerdem besitzen schwerere Säugetiere normalerweise nicht die nötige Geschicklichkeit, um sich in den Wipfeln fortzubewegen. Primaten haben sich allerdings auf Bäumen entwickelt; ihre Hände sind vor allem zum Klettern da. Und ihr hervorragender Farbsinn ermöglicht den Primaten, Früchte zu unterscheiden.

Die großen Menschenaffen haben die Baumkronen verlassen und leben zumindest zeitweise am Boden. Während die kleineren Gibbons noch ausgezeichnete Baumkletterer sind, haben die größeren Schimpansen, Bonobos (siehe Seite 299) und Gorillas viel von dieser Fähigkeit verloren. Bonobos schlafen zwar in Baumnestern, verbringen aber sonst nur wenig Zeit auf den Bäumen. Schimpansen schlafen ebenfalls in Baumnestern, klettern auch, um an Früchte heranzukommen, halten sich sonst aber auf dem Boden auf. Gorillas, die größten Menschenaffen, können zwar klettern, scheinen den Waldboden jedoch eindeutig vorzuziehen.

Trotzdem verbringt ein großer Menschenaffe die meiste Zeit seines Lebens auf Bäumen: der Orang-Utan. Er ist leichter als ein Gorilla, aber schwerer als ein Mensch; und er scheint sich seines Gewichts bewusst zu sein. Weder hüpft er wie ein Äffchen durchs Geäst, noch schwingt er wie ein Gibbon. Er bewegt sich langsam und geschickt mit seinen Händen und Füßen, gerade so, als würde er im Blattwerk spazieren gehen.

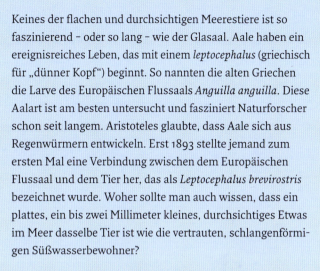

Keines der flachen und durchsichtigen Meerestiere ist so faszinierend – oder so lang – wie der Glasaal. Aale haben ein ereignisreiches Leben, das mit einem *leptocephalus* (griechisch für „dünner Kopf") beginnt. So nannten die alten Griechen die Larve des Europäischen Flussaals *Anguilla anguilla*. Diese Aalart ist am besten untersucht und fasziniert Naturforscher schon seit langem. Aristoteles glaubte, dass Aale sich aus Regenwürmern entwickeln. Erst 1893 stellte jemand zum ersten Mal eine Verbindung zwischen dem Europäischen Flussaal und dem Tier her, das als *Leptocephalus brevirostris* bezeichnet wurde. Woher sollte man auch wissen, dass ein plattes, ein bis zwei Millimeter kleines, durchsichtiges Etwas im Meer dasselbe Tier ist wie die vertrauten, schlangenförmigen Süßwasserbewohner?

Im Alter von 10–14 Jahren schwimmen die erwachsenen Tiere flussabwärts in den Atlantik. Sie durchkreuzen den Ozean, bis sie das Sargassomeer erreichen. Wie und warum ist ein Rätsel. Vermutlich zum Laichen (aber niemand hat sie je dabei beobachtet). Anschließend sterben sie. Aus den Eiern schlüpfen die *Leptocephalus*-Larven, die drei Jahre lang mit dem Golfstrom treiben, bis sie schließlich Europa erreichen. Nun viereinhalb Zentimeter lang, entwickeln sie sich zu Glasaalen und wandern flussaufwärts. Viele Jahre später, als erwachsene Aale, werden auch sie sich auf die lange, beschwerliche Reise durch den Atlantik machen, um die nächste Generation der extrem platten *Leptocephali* zu produzieren.

# Der platteste Fisch

| | |
|---|---|
| **NAME** | **Glasaal** *Anguilla spec.* |
| **LEBENSRAUM** | Atlantischer und Pazifischer Ozean |
| **GRÖSSE** | lang und blattdünn |

EXTREMES **WACHSTUM** 245

Im Jahr 70 n. Chr. schrieb Plinius der Ältere, einer der ersten großen Naturphilosophen: «In Indien gibt es einen Baum, dessen Eigenschaft es ist, sich selbst zu pflanzen. Er bildet gewaltige Arme und setzt sie in die Erde ...» Plinius schrieb über die so genannten Luftwurzeln, die den Banyan-Baum zum größten schattenspendenden Baum der Welt machen.

Wie viele andere der fast 2000 Feigenarten sendet der Banyan-Baum Luftwurzeln aus. Diese entwickeln sich zu Säulen, welche die weiterwachsenden Äste stützen. Der größte bekannte Banyan-Baum steht im Botanischen Garten von Kalkutta – mit 2800 Luftwurzeln. Banyan-Bäume sind sehr beliebt und dienen als Versammlungsplatz für die Dorfgemeinschaft. In ihrem Schatten werden Märkte oder Schul-unterricht abgehalten, oder es wird Theater gespielt. Der Name des Baums leitet sich von *banias* für Kaufleute ab, weil die englischen Händler früher unter seinem Dach ihre Geschäfte mit den Einheimischen abwickelten.

Würgefeigen lassen ihre Schösslinge im Kronendach anderer Bäume austreiben und schicken ihre Wurzeln den Stamm herab. Irgendwann sind diese zunächst harmlosen Wurzeln so stark geworden, dass sie den Wirtsbaum erdrücken und von diesem nur noch ein toter Stamm zurückbleibt. Feigenbäume können auch wie normale Bäume wachsen und ihre Wurzeln tief in den Erdboden hineinschicken. Der Tiefenrekord wurde bei einem Feigenbaum in Südafrika gemessen: 120 Meter.

# Das weiteste Kronendach

| | |
|---|---|
| **NAME** | **Banyan-Baum, Würgefeige oder Bengalische Feige** *Ficus benghalensis* |
| **LEBENSRAUM** | südliches Asien und Südostasien |
| **GRÖSSE** | bis zu 420 Meter Durchmesser |

# Extreme

# Familien

Das tödlichste Liebesleben · Die seltsamste Brut · Der lebhafteste Embryo · Der größte Harem · Das bunteste Männchen · Die meisten Sporen · Die längste Brutzeit · Der kunstfertigste Bräutigam · Die meisten Fortpflanzungsorgane · Der leckerste Sex · Das seltsamste Brautgeschenk · Der längste Liebesbiss · Das größte Samenkorn · Die größte Massen-Eiablage · Das größte Ei · Die kürzeste Trächtigkeit · Die liebevollste unbefleckte Empfängnis · Das fruchtbarste Tier · Das größte Nest · Die seltsamste Gesellschaft · Der ungewöhnlichste Aufstieg · Der bizarrste Liebesakt · Die größte Orgie · Das schillerndste Männchen · Das Tier mit dem meisten Sex · Die traumatischste Begattung · Die leuchtendste Kreatur · Die raffinierteste Verwendung von Dung · Der älteste Jugendliche · Die streitsüchtigsten Geschwister · Der größte Sexualdimorphismus · Die längste Trächtigkeit · Das seltsamste Nestbaumaterial

# Das tödlichste Liebesleben

**NAME** *Antechinus agilis* (Gattung: Breitfußbeutelmäuse)
**LEBENSRAUM** Australien
**EREIGNIS** jedes Männchen stirbt nach der Paarung an Stress

Diese kleine, insektenfressende Beutelmaus hat ein kurzes, aber promiskuitives Leben. Wie alle *Antechinus*-Arten hat sie eine zweiwöchige Paarungszeit. Da diese Beuteltiere scheue, nächtliche Baumkletterer sind, weiß man wenig über ihr Verhalten in freier Wildbahn. Aber in Gefangenschaft wurden sie von Biologen untersucht, die sich mit den Auswirkungen von reproduktivem Stress beschäftigen.

Im Juli oder August werden die Männchen von Testosteron und anderen Hormonen überschwemmt, dann startet der Paarungswettbewerb. Die Männchen versammeln sich in Baumnestern, wo die Weibchen hinkommen, um nach Partnern Ausschau zu halten. Sie scheinen größere Männchen zu bevorzugen, können allerdings nicht allzu wählerisch sein, da sie sich mit mehreren paaren. Auch die Männchen paaren sich mehrmals, obwohl sie bis zu zwölf Stunden mit ihrer Partnerin verbunden bleiben.

Doch die Hormonausschüttung und der Stress sind einfach zu viel für das Immunsystem. Falls nicht Magengeschwüre oder Nierenversagen die Männchen dahinraffen, sterben sie an Infektionen und Parasiten. Alle Männchen aller Populationen sterben wenige Tage nach der Kopulation. Einige Weibchen paaren sich im Folgejahr erneut. Das Geschlechtsverhältnis der Jungen (die in einem Beutel aufgezogen werden) ist oft zu Gunsten der Weibchen verschoben.

# Die seltsamste Brut

Beide Arten dieser bemerkenswerten Frösche sind wahrscheinlich ausgestorben. *Rheobatrachus silus* wurde zuletzt 1981 gesehen und *R. vitellinus* 1985. Seltsamerweise war *R. vitellinus* bis März 1985 ziemlich häufig, aber nur drei Monate später verschwand er auf Nimmerwiedersehen. Die Ausrottung der beiden Arten ist ein schrecklicher Verlust – nicht nur wegen ihres einzigartigen Brutverhaltens.

Bei keiner anderen Tierart der Welt haben die Weibchen ihre Jungen im Magen ausgebrütet. Sie schluckten ihre befruchteten Eigelege zunächst. Im Magen schlüpften aus diesen dann die Kaulquappen, die sich weiter zu Minifröschchen entwickelten. Während der sechs- bis siebenwöchigen Trächtigkeit konnte das Weibchen nichts fressen. In dieser Phase wurde auch keine Magensäure mehr produziert, so dass der Magen in etwa die Funktion einer Gebärmutter übernahm.

Bei beiden Arten betrug die Anzahl pro „Wurf" 20–25 Junge. Der „Gebärprozess" dauerte etwa eineinhalb Tage; die voll entwickelten Fröschchen hüpften durch das Maul nach draußen. Nach weiteren vier Tagen verwandelte sich der Magen wieder in ein Verdauungsorgan, und das Weibchen begann zu fressen. Warum diese Frösche ausstarben, ist immer noch unklar. Ein Grund ist sicher die Abholzung der Wälder in ihrem Lebensraum. Die Frösche werden seitdem intensiv gesucht – bislang allerdings vergeblich.

| | |
|---|---|
| **NAME** | **Magenbrütende Frösche** |
| | *Rheobatrachus vitellinus* und *R. silus* |
| **LEBENSRAUM** | Queensland, Australien |
| **FÄHIGKEIT** | brütet Junge im Magen aus |

Dieses kleine Baby ist ein bewundernswerter Kletterer. Es kommt aus der Kloake (zoolog.: gemeinsamer Ausgang für Darm-, Harn- und Geschlechtswege) seiner Mutter wie ein richtiger Embryo – blind und nicht viel größer als eine Bohne. Es ist so klein, dass die Mutter ihre Niederkunft kaum bemerkt. Dann macht es sich von selbst auf den Weg in den Beutel. Seine Vorderbeine sind nur teilweise entwickelt, und es muss sich selbst am Fell der Mutter nach oben ziehen. Trotzdem benötigt es dafür nur etwa drei Minuten.

Sobald es sich an einer Zitze festgeklammert hat, führt es seine embryoartige Existenz fort. Durch die fettreiche Muttermilch nimmt es an Gewicht zu. Die Milch verändert ihre Konsistenz in dem Maß, wie das Baby heranreift und verschiedene Nährstoffe braucht. Es dauert vier Monate, ehe das Junge von der Zitze ablässt, sechs Monate, bevor es zum ersten Mal aus dem Beutel steigt, und acht Monate, bis es ihn ganz verlässt. Allerdings wird es weitere vier Monate seinen Kopf dort hineinstecken, um an der Zitze zu nuckeln. Bei Gefahr nutzt es den Beutel auch als Unterschlupf.

Das Känguruh-Weibchen kann kurz nach der Geburt wieder trächtig werden, aber der neue Embryo verharrt dann in einem Ruhezustand, bis das Geschwisterchen den Beutel verlassen hat. Sobald das folgende Junge dann den Beutel erklommen hat, klammert es sich an eine kurze Zitze, während das ältere Junge weiterhin „seine" – die nun längere – Zitze benutzt. Sollte ihm irgendetwas zustoßen, bevor es ganz von der Mutter abgenabelt ist, entwickelt sich das nächste Junge sofort weiter.

# Der lebhafteste Embryo

| | |
|---|---|
| NAME | **Känguruh** *Macropus rufus* |
| LEBENSRAUM | Australien |
| FÄHIGKEIT | klettert mindestens 10–15 Zentimeter von der mütterlichen Kloake in den Brutbeutel |

Bei manchen Säugerarten haben sich so genannte Harems-strukturen herausgebildet: Ein Männchen schart viele Weibchen um sich und ist der Vater ihrer Jungen. Um sich dessen auch sicher zu sein, wird jeder Annäherungsversuch von Rivalen erbittert bekämpft. Am extremsten ist dieses Paarungssystem beim südlichen Seeelefanten ausgebildet, wo ein einzelnes Männchen 40–50 Weibchen begattet.

Erwachsene Männchen verbringen die meiste Zeit des Jahres im Meer. Im August suchen sie die Brutgebiete auf. Das größte von ihnen reklamiert das Territorium für sich, an dem im September und Oktober die Weibchen an Land gehen werden, um ihre Jungen zur Welt zu bringen. Nach der Geburt sind die Kühe wieder in Paarungsstimmung, und der dominante Seeelefantenbulle begattet so viele wie möglich.

Wenn wenige Männchen viele Weibchen haben, heißt das natürlich umgekehrt, dass viele Männchen gar keine Partnerin abbekommen. Deshalb gibt es neben jeder Brutkolonie eine große Herde übel gelaunter Junggesellen, die vor allem damit beschäftigt sind, herüberzurobben und zu versuchen, sich mit einem Weibchen von nebenan zu paaren. Im Nordpazifik, wo die nördlichen Seeelefanten mit einem ähnlichen Paarungssystem leben, sind die Junggesellen mit „erschlichenen" Kopulationen erfolgreicher als ihre Verwandten im Süden. Deshalb gebührt jenen der Titel für die Männchen mit den meisten Partnerinnen.

# Der größte Harem

| | |
|---|---|
| NAME | **Südlicher Seeelefant** *Mirounga leonina* |
| LEBENSRAUM | subarktische Inseln und südliches Argentinien |
| FÄHIGKEIT | paart sich mit mehr Weibchen als jedes andere männliche Säugetier |

# Das bunteste Männchen

**NAME** **Morphofalter** *Morpho spec.*
**LEBENSRAUM** Regenwälder in Zentral- und Südamerika
**FÄHIGKEIT** erzeugt Reflexe durch die schillerndste Struktur eines Lebewesens

Von allen Schmetterlingen ist der irisierende Blaue Morphofalter bei Sammlern immer der Begehrteste gewesen. Seine Flügel wurden sogar zu Schmuck verarbeitet. Die leuchtenden Farben der Männchen sind sogar von einem Flugzeug aus sichtbar, das über den Regenwald fliegt. Sie sind jedoch nicht dazu da, Weibchen anzulocken, sondern um Rivalen einzuschüchtern und das Revier zu beanspruchen.

Die intensive Farbe wird nicht durch Pigmente erzeugt, sondern wahrscheinlich durch den kompliziertesten Reflektionsmechanismus der Welt. Die Schüppchen der Flügel (der „Puder", der sich von einem Flügel löst) sind wie Dachziegel angeordnet. Jede Schuppe stützt eine weitere Schicht übereinander liegender, fast transparenter Schuppen, die das Licht reflektieren. Sie sind so präzise angeordnet, dass die Lichtstrahlen einer bestimmten Wellenlänge in dieselbe Richtung zurückgeworfen werden, allerdings in paralleler Anordnung, was die Wirkung verstärkt. Das Ergebnis ist eine extrem lebhafte Farbe.

Das Schillern ist jedoch auch gefährlich (Weibchen besitzen eine braune Tarnfarbe). Die Männchen schützen sich durch einen Trick: Wenn sie fliegen, verändert das Auf und Ab ihrer Flügel den Winkel, in dem das Licht auf die Schüppchen trifft. Die Farbe wechselt plötzlich von leuchend blau zu braun. Die Wirkung wird durch wellenförmige, chaotische Flugbewegungen noch verstärkt sowie dadurch, dass beim Flügelschlag aufwärts die braune Unterseite der Flügel zu sehen ist. Dadurch wird der Schmetterling immer wieder für einen Moment unsichtbar. Sobald er sich niedergelassen hat und die Flügel schließt, so dass nur die braune Unterseite sichtbar ist, verschmilzt er optisch mit dem Wald.

Die meisten großen Pilze verbreiten sich, indem sie Unmengen mikroskopisch kleiner Sporen in die Luft freisetzen. Sie stammen aus speziellen Fruchtkörpern, die über der Erde wachsen. Einige Pilze benutzen Tiere, Wasser oder sogar Pflanzen zur Verbreitung ihrer Sporen, aber die meisten verlassen sich darauf, dass der Wind sie davonbläst, manchmal über große Entfernungen. Im Allgemeinen werden die Sporen aus speziellen aufquellenden Zellen entlassen, was bedeutet, dass die Fruchtkörper nicht austrocknen dürfen. Daher wachsen die Pilze gewöhnlich, wenn es feucht ist.

Der Riesenbovist lässt seine Sporen jedoch nicht in der üblichen Weise aus nach unten gerichteten Poren oder Lamellen rieseln. Stattdessen trägt er sie im „Körper", wo sie schön feucht bleiben, und entlässt sie erst nach und nach. Bei feuchtem Wetter reift er in etwa einer Woche, wobei er enorm anschwillt – manchmal auf mehr als einen Meter. Dann beginnt er, sich einen Spalt weit zu öffnen und entlässt über Wochen und sogar Monate Milliarden oder Billionen von Sporen in den Wind. Das gilt nicht gerade als besonders effektive Verbreitungsmethode, da die meisten Sporen weder weit reisen noch überleben werden. Das ist auch der Grund, warum so viele produziert werden. Aber ihr Zweck ist erfüllt, sobald nur ein paar Sporen sich ansiedeln und auf (stickstoffreichen) Wiesen sprießen. Zum Glück wachsen nicht aus allen Sporen Riesenboviste. Sonst würden sie schon in ein paar Generationen ein Volumen einnehmen, das viel größer als das der Erde wäre.

# Die meisten Sporen

| | |
|---|---|
| **NAME** | **Riesenbovist** *Calvatia gigantea* |
| **LEBENSRAUM** | gemäßigte Zonen |
| **FÄHIGKEIT** | ein einziger Fruchtkörper erzeugt bis zu 20 Billionen Sporen |

# Die längste Brutzeit

**NAME** **Kaiserpinguin** *Aptenodytes forsteri*
**LEBENSRAUM** Antarktis
**FÄHIGKEIT** bebrütet sein Ei 62–67 Tage im tiefsten antarktischen Winter

Der Kaiserpinguin ist der größte unter den 17 Pinguinarten und der einzige, der den ganzen antarktischen Winter hindurch brütet. Andere Vögel wie die Kiwis (siehe Seite 278) haben längere Brutperioden, aber sie teilen sich das Brutgeschäft und verlassen das Nest für die Futtersuche. Der männliche Kaiserpinguin sitzt jedoch die gesamte Brutzeit auf dem Ei: 62–67 Tage.

Es beginnt alles im späten März oder Anfang April auf dem antarktischen Packeis. Nachdem sie einen Futtersommer auf dem Meer verbracht haben, versammeln sich Zehntausende Pinguine zur Balz und zur Paarung. Nach ungefähr 50 Tagen werden die Eier gelegt. So lange haben die Pinguine nicht mehr gefressen. Dann starten alle Weibchen, um ins Meer zurückzuwandern, das durch die ständig wachsende Eisdecke weiter entfernt ist als vorher, während jedes Männchen sein Ei oben auf den Füßen hält und es mit seiner „Bruttasche", einer gefiederten Hautfalte, bedeckt. Die Männchen stehen während des tiefen antarktischen Winters dicht aneinander gedrängt. Es ist dunkel oder dämmrig, Schneestürme wüten, und die Temperatur kann bis auf minus 40 Grad fallen (den Wind-Chillfaktor nicht eingerechnet).

Nach zwei Monaten sind die Eier ausgebrütet, die Küken bleiben unter der Bruttasche. Die Weibchen erscheinen ein paar Tage später. Seit etwa 120 Tagen haben die Männchen nichts außer Schnee gefressen, aber nun sind sie frei und können auf Fischfang gehen. Es gibt nur noch ein Hindernis zu bewältigen: Das Meer kann inzwischen bis zu 100 Kilometer weit entfernt sein.

# Der kunstfertigste Bräutigam

Dieser kleine Vogel kreiert wahre Kunstwerke, jedes ist einzigartig. Anstatt ein farbiges Federkleid zu tragen, wirbt das Hüttengärtnermännchen um eine Partnerin, indem es an ihren Sinn für Ästhetik appelliert – eine Art sexueller Auslese durch Kunst. Verschiedene Populationen von Hüttengärtnern haben ganz unterschiedliche kulturelle Stilarten entwickelt.

In den Arafak-, Tamrau- und Wandammen-Bergen beginnt ein Männchen mit einem „Maibaum" – einem Baumschössling –, um den es aus Zweiglein eine kegelförmige Hütte errichtet. Sie ist bis zu 1,20 Meter hoch und 1,80 Meter breit und besitzt einen bogenförmigen Eingang. Davor legt das Männchen einen Moosteppich, um darauf seine Schätze auszubreiten: Es sind Tausende, von Beeren und Blumen bis zu Schmetterlings- und Käferflügeln, alles nach Farbe und Form arrangiert. Solch ein ausgefeiltes Werk aus frischem Material muss ständig renoviert werden, diese Plackerei kann fast ein Jahr dauern. Immerhin hat das Männchen die braune Tarnfarbe der Weibchen und muss nicht in ein extravagantes Federkleid investieren. Je größer und bunter seine Laube ist, desto mehr Weibchen werden sich mit ihm paaren.

In den Kumawa- und Fakfak-Bergen jedoch haben die Weibchen einen anderen künstlerischen Geschmack entwickelt. Vielleicht wurde dieser bestimmt von den Gegenständen, die am Ort als Dekoration zur Verfügung standen. Hier bauen die Männchen schäbige Türme, die sie mit langweiligen Schneckenhäusern oder Steinen dekorieren. Es könnte passieren, dass sich die Hüttengärtner wegen der Trennung durch die Berge und des unterschiedlichen Geschmacks der Weibchen schließlich in zwei Arten aufspalten.

| | |
|---|---|
| NAME | **Hüttengärtner** *Amblyornis inornatus* |
| LEBENSRAUM | Irian Jaya, der indonesische Teil der Insel Neuguinea |
| FÄHIGKEIT | baut das ausgefeilteste und meistverzierte Gebilde des Tierreichs |

EXTREME FAMILIEN

# Die meisten Fort- pflanzungs- organe

Bandwürmer sind in der Tat bemerkenswerte Biester. Seit es Menschen gibt, leben sie mit uns zusammen. Da sie hauptsächlich im Darm siedeln, beherbergen die größten Därme wahrscheinlich die größten Würmer. Man kann sich die Aufregung eines Parasitenforschers vorstellen, der den Darm eines riesigen Wals zu sezieren hat. Jeder Bandwurm besitzt eine kopfähnliche Region (ohne Maul, Augen oder Hirn), mit der er am Wirtsdarm andockt. Dann folgt eine Art Nacken, von dem aus die übrigen Körpersegmente gebildet werden.

Jedes Segment ist ein selbstständig arbeitender Reproduktionsabschnitt, in dem sich Hoden und Eierstöcke befinden. Es absorbiert die Nährstoffe aus dem Darm des Wirtes. Der wahrscheinlich längste Bandwurm der Welt, *Polygonoporus giganticus*, lebt im Darm von Pottwalen. Er kann bis zu 40 Meter lang werden und bis zu 45 000 Segmente besitzen. Da sich in jedem Segment vier bis 14 Genitalien befinden, sind bis zu 630 000 Geschlechtsorgane möglich. Ein Bandwurm produziert ständig Eier, Millionen pro Tag. Zum Glück für ihre Wirte scheinen sich größere Bandwürmer auf einen Wurm pro Darm zu beschränken. Da einige Bandwürmer sich selbst befruchten, haben sie kein Problem mit der Partnersuche. Der größte Bandwurm, der Menschen befällt, ist der Fischbandwurm *Diphyllobothrium latum*. Ausgewachsen wird er selten länger als zehn Meter.

**NAME** **Bandwurm** *Polygonoporus giganticus*
**LEBENSRAUM** Darm
**ANZAHL** hängt von der Länge des Darms ab

# Der leckerste Sex

Für die meisten Spinnenmännchen ist die Paarung ein Problem, da die Weibchen meist größer und extrem räuberisch sind. Ein Männchen muss seiner Partnerin in spe deshalb zu verstehen geben, dass es auf Freiersfüßen ist und Sperma anzubieten hat. Das transportiert es in den so genannten Pedipalpen, zwei beinähnlichen Anhängseln beiderseits der Mundöffnung, die als Kopulationsorgane dienen.

Einige Männchen führen ganz einfach ein Tänzchen auf, geben ein Signal oder bieten ein Futterpäckchen an, um genügend Zeit für die Paarung zu gewinnen. Diejenigen Männchen, die eine kurze Lebensspanne haben und daher nur Aussicht auf eine einmalige Paarung, müssen ihr Leben opfern, um sicherzustellen, dass nur ihr Sperma das Weibchen befruchtet. Wenn das Männchen einer bestimmten australischen Spinnenart ein Weibchen begatten will, muss es sich in eine äußerst heikle Position begeben: Sein Hinterleib liegt direkt vor den Mundwerkzeugen seiner Partnerin, die nur noch zuzubeißen braucht. Bei 65 Prozent aller Paarungen wird das Männchen auch wirklich gefressen, vor allem, wenn das Weibchen unterernährt ist.

*Argiope aurantia*, eine schwarz-gelbe Wespenspinne, für die es keinen deutschen Namen gibt, geht noch einen Schritt weiter: Das Männchen stirbt sogleich, nachdem es sein Kopulationsorgan eingebracht hat. Es schwillt im weiblichen Körper an, und für 15 bis 25 Minuten können weder das Weibchen noch die anderen zur Paarung anstehenden Männchen den toten Körper lösen. Das ist die Zeit, die das Sperma braucht, um seine Aufgabe zu erfüllen. Für das Weibchen ist es natürlich am einfachsten, den an ihm hängenden Körper dadurch loszuwerden, indem es ihn auffrisst.

**NAME** *Argiope aurantia*
Familie der Wespen- oder Zebraspinnen

**LEBENSRAUM** Nord- und Zentralamerika

**EREIGNIS** das Männchen stirbt während der Paarung, das Weibchen frisst es dann auf

# Das seltsamste Braut- geschenk

Wenn man einem Weibchen ein Fünftel seines eigenen Körpergewichts an Sperma und Nahrung gibt, will man sicher sein, dass es nicht stirbt, bevor die Eier befruchtet und abgelegt worden sind. Wenn die größte Gefahr für die Partnerin darin bestünde, von einer Spinne gefressen zu werden, würde man alles tun, um genau das zu verhindern – so wie die Männchen der Schmetterlingsart *Cosmosoma myrodora*. Sie suchen eine Pflanze auf – etwa eine Stinkende Hundskamille – und nehmen sich etwas von ihrem Gift (Pyrrolizidinalkaloid). Diese Chemikalien sind für Spinnen und die meisten anderen Wirbellosen giftig. Die *Cosmosoma*-Männchen speichern das Gift in zwei Taschen am Hinterleib, die mit feinen Fasern ausgestattet sind. Wenn so ein Männchen auf Brautschau ein Weibchen gefunden hat, wird es – als Teil seiner Werbung – mit diesen klebrigen, alkaloidhaltigen Fasern geschmückt. Damit die Partnerin auch wirklich geschützt ist, überträgt das Männchen vorsichtshalber auch mit seinem Sperma noch etwas von dem Alkaloid.

Die Hundskamille produziert Pyrrolizidinalkaloide, um zu verhindern, dass ihre Blätter von Insekten gefressen werden. Aber die Natur scheint immer einen Ausweg zu finden – und so hat dieser scharlachrote Schmetterling eine Immunität gegen das Gift entwickelt. Spinnen entdecken diese Alkaloide, wenn sie ihre Beute untersuchen, und keine von ihnen wird so ein Schmetterlingsweibchen berühren, geschweige denn fressen. Biologen konnten dies belegen, indem sie ein mit solchen Alkaloidfasern „geschmücktes" Weibchen in ein Spinnennetz setzten: Die Spinne kappte die Fäden um die vermeintliche Beute herum, um sie freizulassen, und zwar lebend. Dies ist der einzige bekannte Fall, in dem ein männliches Insekt seine Partnerin auf diese Weise unverwundbar macht.

**NAME** *Cosmosoma myrodora*
(Familie: Bärenspinner)
**LEBENSRAUM** amerikanische Tropen und Subtropen
**FÄHIGKEIT** das Männchen macht das Weibchen unverwundbar gegen Angriffe von Spinnen

# Der längste Liebesbiss

In den Jahren um 1830, als Wissenschaftler diese seltsame Fischgruppe entdeckten und anfingen, Proben aus Tiefen zwischen 300 und 4000 Metern zu holen, schien es ihnen, als ob einige Arten nur von Weibchen repräsentiert würden. Dann untersuchte jemand ein tumorähnliches Gewächs, das einige dieser Weibchen am Körper hatten, und stellte geschockt fest, dass es sich dabei um das Männchen handelte. Es war mit dem weiblichen Körper verschmolzen und komplett von ihm abhängig – bis hin zum gemeinsamen Kreislauf.

Seitdem hat man viel gelernt über den extremen Sexualdimorphismus dieser Fische (physischer Unterschied zwischen den Geschlechtern siehe Seite 310). Das Männchen ist in der Regel nicht mal ein Zehntel so groß wie das Weibchen. Beim Riesenangler (*Ceratias holboelli*) misst das Männchen 7,3 Zentimeter, das Weibchen 77 Zentimeter.

Das Leben des Männchens beginnt als winzige Larve an der Meeresoberfläche. Sobald es erwachsen ist, steigt es herab in die Welt der Dunkelheit. Dort muss es ein Weibchen finden, auch wenn sich in einem Kubikkilometer vielleicht nur wenige Exemplare aufhalten. Glücklicherweise hat das Männchen große Nasenlöcher, mit denen es hervorragend riechen kann, ein Paar zangenartiger Zähne und relativ große Augen, um den Leuchtköder zu finden, den die Weibchen zum Beutefang nutzen. Sobald es ein Weibchen gefunden hat, beißt es sich an ihm fest. Seine Nasenlöcher, Augen – eigentlich alles – degenerieren, bis auf die Hoden. Es bleibt dem Männchen nur eine einzige, simple Rolle: Eier zu befruchten.

NAME **Tiefseeangler** (Familie: Ceratioidei)
LEBENSRAUM Tiefsee
FÄHIGKEIT Sexualparasitismus

Diese so genannten Doppel-Kokosnüsse haben die Menschen schon beeindruckt, lange bevor deren Herkunftsinseln entdeckt wurden. Die Nüsse wurden an den Stränden rund um den Indischen Ozean angespült und auf dem Meer von Seeleuten aufgefischt. Bevor die Seychellen 1743 entdeckt wurden, glaubte man, die Früchte stammten von einem riesigen Baum auf dem Meeresboden. Daher der Name „Coco de mer", auf Deutsch „Meereskokosnuss". Dann glaubte man, sie kämen von den Malediven, worauf der lateinische Artname hinweist. Eine andere Theorie besagte, dass sie am „Baum der Erkenntnis" im Garten Eden gediehen sei. Die Begründung liegt nahe: die auffallende Ähnlichkeit mit dem weiblichen Schoß. Natürlich glaubte man an eine aphrodisierende Wirkung der Nuss.

Die Realität ist auch ziemlich phantastisch. Die Seychellennuss-Palme wächst unglaublich langsam. Das erste Blatt erscheint erst neun Monate nach Beginn der Keimung. Bis zur ersten Blüte können 60 Jahre vergehen (es gibt männliche und weibliche Palmen). Die zweilappige Frucht reift bis zu zehn Jahre, und es kann ein Jahrhundert dauern, bevor der Baum seine volle Größe von 30 Metern erreicht. Die Blätter des Baumes können sechs Meter lang werden. Die Nüsse sind essbar und erinnern stark an Kokosnüsse. Es ist aber unwahrscheinlich, dass irgendjemand sie heutzutage probieren wird. Der Baum ist vom Aussterben bedroht, und die Nüsse, die manchmal an botanische Gärten verkauft werden, können mehr als 1000 Dollar kosten.

# Das größte Samenkorn

**NAME**   **Seychellennuss** oder „Coco de mer" *Lodoicea maldivica*

**LEBENSRAUM**   die Inseln Praslin und Curieuse, Seychellen

**GRÖSSE**   die Frucht kann bis zu 48 Zentimeter groß werden und mehr als 22 Kilogramm wiegen

# Die größte Massen-Eiablage

| | |
|---|---|
| NAME | **Pazifische Bastardschildkröte** *Lepidochelys oliveacea* |
| LEBENSRAUM | Sandstrände an der Küste von Orissa, Nordost-Indien |
| EREIGNIS | 500 000 oder mehr Schildkröten legen dort ihre Eier ab |

Irgendwann zwischen Dezember und März kommt eine riesige Flotte weiblicher Meeresschildkröten in der Bucht von Bengalen an, um eine Orgie im Eierlegen zu veranstalten. Diese Massenankunft findet schon seit Jahrtausenden statt – vielleicht seit Jahrmillionen –, und die dafür genutzten Strände im Flussdelta bergen die größte Schildkrötenkolonie der Welt. Der Rekord liegt bei 610 000 Tieren im Jahr 1991.

Von ihren Futterplätzen kommend, reisen die Schildkrötenweibchen vermutlich Tausende von Kilometern. Sie paaren sich im Meer, wo die Männchen sich versammeln, und schleppen sich dann nachts den Strand hoch, um ihre Eier abzulegen. Manchmal kommen sie ein paar Wochen später wieder, um noch mehr Eier zu legen. Jedes Weibchen vergräbt 100–150 weichschalige Eier im Sand. Falls diese nicht von Räubern wie Hunden oder Krähen gefressen oder vom Meer weggespült werden, sind sie nach etwa 45 Tagen ausgebrütet. Die Schildkrötenbabys graben sich nachts aus dem Sand und laufen ins Meer. Aber nur eine von 1000 wird als erwachsene Schildkröte an ihren Geburtsplatz zurückkehren.

Mehr als 120 000 dieser Schildkröten ertranken in den vergangenen 14 Jahren in den Netzen von Trawlern, die illegal während der Brutzeit vor der Küste fischten. Nahe der Brutplätze ist zudem ein riesiger Hafenkomplex geplant. Umweltschützer aus aller Welt üben Druck auf die Regierung aus um sicherzustellen, dass dieses einzigartige Naturschauspiel den gebührenden Schutz erhält.

EXTREME **FAMILIEN**

Das größte Ei überhaupt legt eigentlich der Strauß. Es wiegt ein bis 17,8 Kilogramm, aber es macht nur ein Prozent seines Körpergewichts aus. Das größte Ei im Verhältnis zu Körpergröße und -gewicht bilden Sturmschwalben, Kolibris und Kiwis. Das Ei des Streifenkiwis ist im Verhältnis zu seinem hühnergroßen Körper so groß, dass er auf einem Röntgenbild beinah nur aus Ei zu bestehen scheint. Obwohl das Ei zu zwei Dritteln aus Dotter besteht und bis zu 20 Prozent des Körpergewichts ausmacht, wird es nach nur 34 Tagen gelegt. Das ist eine der schnellsten Eireifungen bei einem Vogel.

Ein Kiwi legt nur zwei bis drei Eier im Jahr. Das Ausbrüten dauert mehr als 80 Tage, was zu den längsten Brutphasen in der Vogelwelt gehört. Kiwis bilden lebenslange Partnerschaften, und das Männchen hilft beim Brüten. Wenn der Mini-Kiwi seine Eischale durchbricht, ist er voll gefiedert. Die Lebensweise dieser Vögel ähnelt der eines Säugetiers. Ein Kiwi kann nicht fliegen, seine Federn erinnern an Fell, er ist nachtaktiv und lebt in einer Höhle. Er kann gut hören und riechen, was für Vögel eher untypisch ist, hat katzenartige Tasthaare im Gesicht und eine Körpertemperatur von 38 Grad – zwei Grad weniger als die meisten Vögel. Dass er so große Jungen hat, könnte an seinen Vorfahren liegen. Der Kiwi stammt von einer Linie riesiger Vögel ab, aus der auch Emus hervorgingen.

# Das größte Ei

| | |
|---|---|
| NAME | **Streifenkiwi** *Apteryx australis* |
| LEBENSRAUM | Neuseeland |
| GRÖSSE | bis zu 450 Gramm, nimmt bis zu einem Viertel des mütterlichen Körpers ein |

# Die kürzeste Trächtigkeit

**NAME** **Östliche Dickschwanz-Schmalfuß-beutelmaus** *Sminthopsis macroura*

**LEBENSRAUM** Australien

**ZEIT** 9,5–11 Tage

Schmalfuß-Beutelmäuse sind Beuteltiere, die nach kurzer Trächtigkeit winzige, unterentwickelte Junge produzieren. Es sind beinahe noch Embryonen, die anfangs noch durch die Haut atmen. Bei vielen Beuteltieren sind die Weibchen nur kurz trächtig. 12–13 Tage sind bei einer Reihe von Arten durchaus üblich, etwa beim Amerikanischen Opossum oder beim Großen Langnasenbeutler. Aber die Östliche Dickschwanz-Schmalfußbeutelmaus unterbietet sie alle. Im Verlauf einer Brutsaison kann sich die Trächtigkeitsdauer auf nur 9,5 Tage verkürzen.

Wie andere Säugetiere auch beziehen Beuteltierembryonen zu Anfang all ihre Nährstoffe aus dem Blut der Mutter. Aber während Säugerembryonen viel länger im Mutterleib bleiben, setzen Beuteltiere ihre Entwicklung im Beutel der Mutter fort. Anstatt über das Blut nehmen sie ihre Nahrung mit der Muttermilch auf. Daher ist es nicht überraschend, dass die „Stillzeit" bei Beuteltieren meist länger als bei Säugetieren ist. Die Weibchen von *Sminthopsis macroura* produzieren mehr als zwei Monate lang Milch; genug, um acht Junge zu versorgen. Während sie nach Insekten jagen, tragen sie ihren Nachwuchs so lange im Beutel, bis die Jungen zu groß sind. Bei Gefahr können diese sich dann nur noch auf den Rücken der Mutter flüchten.

Tejus (auch Schienenechsen genannt) gehören zwar nicht zu den farbenprächtigsten Eidechsen, aber genetisch betrachtet zu den interessantesten. Biologen brauchten 100 Jahre, um herauszufinden, dass es bei Tejus und ihren Verwandten keine Männchen gibt. Diese rein weiblichen Arten vermehren sich ohne Befruchtung, durch so genannte Jungfernzeugung („Parthenogenese"). Auch andere Echsen und weitere höhere Tiere können sich selbst klonen: einige Fische, Salamander oder die Brahmanen-Wurmschlange. Gelegentlich entwickeln sich auch die Eier einzelner Schlangen, Haushühner oder Truthühner ohne Befruchtung. Trotzdem sind die Nachkommen männlich und besitzen nicht alle Gene von der Mutter.

Von den parthenogenetischen Teju-Arten ist ungefähr die Hälfte triploid, so wie der Blasse Rennteju. Das heißt, sie besitzen drei Chromosomensätze. (Die meisten Tiere sind diploid, haben nur zwei Sätze: einen von der Mutter und einen vom Vater.) Der triploide Zustand könnte daraus entstanden sein, dass sich zwei Teju-Arten gekreuzt haben. Die Nachkommen haben sich später möglicherweise mit einer weiteren Teju-Art gekreuzt. Seltsamerweise ist noch ein Teil ihres früheren Sexuallebens übrig geblieben: Sie können nicht gebären, ohne so zu tun, als würden sie sich paaren; dabei übernimmt ein Weibchen die Rolle eines Männchens. Das hat den Vorteil, dass einzelne Tejus, falls es sie in einen neuen Lebensraum verschlägt, eher eine Population begründen können als Verwandte mit sexueller Fortpflanzung, die auf einen Partner angewiesen sind. Eine gute Kurzzeitstrategie. Falls sich die Umweltbedingungen allerdings dramatisch ändern sollten, besitzen die Teju-Klone vermutlich keine ausreichende genetische Diversität, um sich anpassen und überleben zu können.

# Die liebevollste unbefleckte Empfängnis

NAME **Blasser Rennteju**
*Cnemidophorus exsanguis*
LEBENSRAUM Südwesten der USA und Mexiko
FÄHIGKEIT jungfräuliche Geburt

# Das fruchtbarste Tier

**NAME** **Röhrenblattläuse** (Familie: Aphididae)
**LEBENSRAUM** auf Pflanzensaugern
**FÄHIGKEIT** ein Weibchen kann pro Jahr
eine Milliarde Klone hervorbringen

Ihr ganzes Leben lang produziert eine weibliche Blattlaus identische Kopien von sich selbst. Das heißt, sie vermehrt sich ganz ohne Sex – im Durchschnitt alle zehn Tage. Ihre Klone sind vor der Geburt bereits „trächtig": Sie tragen Embryonen, die selbst wiederum Embryonen enthalten. Auf diese Weise ist es theoretisch möglich, dass eine Blattlauspopulation in nur einem Jahr milliardenfach wächst.

Blattläuse sind Insekten mit nadelähnlichen Mundwerkzeugen und saugen Pflanzensaft. Wenn der Saft reich an Stickstoff ist, zum Beispiel durch Kunstdünger, wachsen sie noch schneller. Einige Blattläuse dienen Ameisen als „Kühe": Sie melken deren honigsüße Exkremente. Um sich zu revanchieren, schützen die Ameisen ihre Nutztiere vor Räubern und bauen ihnen sogar Unterschlüpfe. Diese Blattlauspopulationen vermehren sich noch erfolgreicher als andere, da sie von Insektenräubern wie Marienkäfern, Netzflüglern und Schwebfliegenlarven verschont bleiben.

Falls die Population für eine Wirtspflanze zu groß wird oder die Pflanze abstirbt, können die Blattläuse eine geflügelte Generation hervorbringen und zu neuen Weidegründen aufbrechen. Diese geflügelten Individuen können Nachkommen hervorbringen, die sich geschlechtlich fortpflanzen. Die Größe einer Population hängt vom Nahrungsangebot ab, das in den gemäßigten Breiten im Winter zurückgeht. Da sich Räuber und Beute in einer gesunden Umwelt meist gegenseitig in Schach halten, ist eine kurzfristige milliardenfache Vermehrung der Blattläuse kaum zu befürchten.

Das größte bekannte Baumnest stammt von Weißkopfseeadlern in Florida. Nachdem sie es vermutlich jahrelang ausgebaut und vergrößert hatten, war es 2,90 Meter breit und sechs Meter tief. Normalerweise sind ihre Nester jedoch viel kleiner. Im Gegensatz zu den Nestern des wahren Rekordhalters im Nestbau sehen sie aus wie bloße Reisighaufen.

In Australien und Neuguinea/Indonesien lebt eine Gruppe von Vögeln, die Großfußhühner genannt werden. Sie haben wirklich große, kräftige Füße und vergraben ihre Eier im Boden. Zu ihnen gehört das Reinwardthuhn, dessen Nistmulde durchschnittlich sieben Meter breit und einen Meter hoch ist. Männchen und Weibchen – sie bleiben für ein Leben lang als Paar zusammen – bauen es aus Erde und organischem Material.

Dazu schichten sie massenweise Steine, Holz, Boden, Zweige und Blätter zu einem Hügel auf. Ein solcher Nisthaufen kann über Jahre und von vielen Generationen benutzt werden, wobei er immer größer wird. Der 50 Meter breite Rekordhaufen könnte Hunderte von Jahren in Gebrauch gewesen sein. Statt zu brüten, nutzen die Vögel die Wärme der Sonne und vor allem die Hitze, die durch die Vegetation entsteht, die sich im Innern des Haufens zersetzt: 29–38 Grad. Während das Weibchen über einen Zeitraum von Monaten Eier legt, kümmert sich das Männchen um das Nest – eigentlich ein riesiger, mit Erde gemischter Komposthaufen. Wenn die Jungen schlüpfen, müssen sie sich ohne Hilfe aus dem Hügel graben.

# Das größte Nest

| | |
|---|---|
| **NAME** | **Reinwardthuhn** |
| | *Megapodius reinwardt* |
| **LEBENSRAUM** | Südostasien, Neuguinea und Nordaustralien |
| **GRÖSSE** | bis zu 50 Meter breit und 4,50 Meter hoch |

# Die seltsamste Gesellschaft

Nacktmulle leben in den größten unterirdischen Kolonien, die es bei Säugetieren gibt. Sie bestehen aus mindestens 75–80 Tieren, manchmal sind es bis zu 300. Die Lebensbedingungen dort sind hart: Es ist heiß und feucht. Nacktmulle haben kein Fell und auch nicht die normale Wärmeregulation eines Säugetiers. Ihre Hierarchie ist vergleichbar mit der in einem Insektenstaat. Wenn ein niederrangiges Tier im Gang ein höherrangiges trifft, duckt es sich, damit sich das andere vorbeiquetschen kann. Junge „Arbeiter" bilden Teams, die unter der Erdoberfläche nach Nahrung graben. Mit ihren riesigen Vorderzähnen wühlen sie sich durch den harten Boden, bis sie Wurzeln und Knollen finden. Ältere und größere Koloniebewohner kümmern sich um die Jungen.

Über allem thront die Königin – eines der älteren Tiere. Nacktmulle können 25 Jahre oder älter werden. Die Königin hat sich diese Position erkämpft, als ihre Vorgängerin gestorben ist. Wie bei einer Ameisenkönigin verlängert sich auch der Hinterleib der Nacktmullkönigin, so dass sie bis zu 28 Junge austragen kann. Sie hält sich einen Männchen-Harem und schikaniert den Rest der Kolonie. Diese Tiere sind viel zu gestresst, um sich zu vermehren. Die Fortpflanzung ist nicht an Jahreszeiten gebunden. Regen fällt im Lebensraum der Nacktmulle selten und unvorhersehbar. Unter der Erde gibt es allerdings immer etwas Essbares an Wurzeln oder Knollen, man braucht nur eine Gruppe, die danach gräbt. Deshalb kann es durchaus sinnvoll sein, wenn sich eine Kolonie wie ein großer Organismus verhält – mit einer Königin, die das ganze Jahr über für Nachwuchs sorgt.

NAME **Nacktmull** *Heterocephalus glaber*
LEBENSRAUM glühend heiße Savannen in Ostafrika
FÄHIGKEIT eine Königin herrscht über eine Vielzahl von Untertanen im Erdreich

Clownfische sind wohl am meisten für ihre Immunität gegenüber den Tentakeln der Seeanemone bekannt – und dafür, dass es überhaupt Fische gibt, die ihr ganzes Leben zwischen den Tentakeln eines Blumentiers verbringen. Auf einer Anemone leben maximal sechs Clownfische, nur zwei von ihnen haben Nachwuchs. Die anderen vier sind Junggesellen und werden von dem dominanten Brutpaar nur so lange toleriert, wie sie ihren Platz in der Hierarchie einhalten.

An erster Stelle steht das brütende Weibchen, an zweiter ihr Partner, ein kleineres Männchen. Nummer drei ist das nächstgrößte und so weiter. Da die Fische ihr Wachstum kontrollieren können, ist keiner größer als 80 Prozent der Körpergröße des nächsthöheren Fischs. Wer sich erdreistet, mehr zu wachsen als ihm zusteht, wird aus der heimischen Anemone vertrieben. Da andere Anemonen meist schon besetzt sind, kommt das einem Todesurteil gleich.

Deshalb achten Clownfische sehr auf ihr Wachstum. Da sie langlebig sind, können die kleinen Wohngemeinschaften jahrzehntelang ohne Veränderung leben. Sobald jedoch ein Fisch stirbt, wird derjenige, der unter ihm steht, befördert und wächst etwas. An seiner Stelle darf ein neuer Jungfisch in die Gemeinschaft eintreten. Doch was geschieht, wenn das brütende Weibchen stirbt? Dann nimmt dessen Partner den Platz ein. Die Fische können nicht nur ihre Größe, sondern auch ihr Geschlecht steuern: So verwandelt sich ein „er" in eine „sie".

# Der ungewöhnlichste Aufstieg

| | |
|---|---|
| NAME | **Clown-Anemonenfisch** *Amphiprion percula* |
| LEBENSRAUM | Korallenriffe im Süd- und Westpazifik |
| EREIGNIS | Männchen werden befördert und wandeln sich in Weibchen um |

# Der bizarrste Liebesakt

| | |
|---|---|
| NAME | **Bananenschnecke** *Ariolimax dolichophallus* |
| LEBENSRAUM | Kalifornien |
| EREIGNIS | manchmal knabbert ein Partner dem anderen den Penis ab |

Diese Schnecke ist nicht nur schön – für eine Schnecke –, sondern auch das Maskottchen der Universität von Kalifornien in Santa Cruz. Diese Ehre gebührt der Bananenschnecke zum einen wegen ihrer Exklusivität: Sie lebt nur in den Redwood-Wäldern entlang der nord- und zentralkalifornischen Küste. Der andere Grund ist ihre verblüffende Sexualität. Es stimmt zwar nicht, dass sie den längsten Penis im Tierreich in Relation zur Körpergröße hat, denn diesen Rekord hält bereits ein Rankenfußkrebschen: die so genannte Entenmuschel. Trotzdem ist der Penis der Bananenschnecke manchmal so lang wie ihr gesamter Körper: 18 Zentimeter; ihr lateinischer Name *dolichophallus* bedeutet „langer Penis".

Die Bananenschnecke ist wie manche andere Schnecken auch ein Zwitter. Nach einer langen und sinnlichen Balz kopulieren zwei Schnecken auf einem Bett aus Schleim – jede von ihnen als Männchen und Weibchen zugleich – und das viele Stunden lang. Aber manchmal sitzt der Penis in der weiblichen Geschlechtsöffnung fest. Der gefangenen Schnecke bleibt nichts anderes übrig, als ihren eigenen Penis abzuknabbern (wobei die Partnerin meist hilft). Immerhin kann die „kastrierte" Schnecke nun, so die Hypothese, all ihre Energie in das Wachstum der eigenen befruchteten Eier stecken, da sie keine weiteren Schnecken mit Sperma versorgt. Und die Partnerin hat einen nahrhaften Snack „danach" gehabt.

292  EXTREME FAMILIEN

# Die größte Orgie

Korallen haben einen spektakulären Weg ersonnen, um ihre Chancen für gegenseitige Befruchtung zu maximieren: die gleichzeitige Massenfreisetzung von Eiern und Spermien aus Tausenden Korallenkolonien. Dieses Zeugungsspektakel findet am Großen Barriereriff statt – dem größten Riff-Ökosystem der Welt – und zwar im Oktober, November oder manchmal im Dezember, für ein Paar Nächte nach Vollmond. Mehr als 140 Korallenarten beteiligen sich daran. Ausgelöst und synchronisiert wird dieses Naturphänomen durch drei Umweltreize: Erstens durch die Meerwassererwärmung im Frühling auf der Südhalbkugel, wodurch die Eier und Spermien der Korallen (die meist Zwitter sind) heranreifen; zweitens durch den Mondzyklus (der Höhepunkt der Laichzeit liegt bei vier bis sechs Nächten nach Vollmond) und drittens durch die Dunkelheit.

Wenn Milliarden von Korallenpolypen ihre Eier- und Spermienwolken entlassen, sieht das aus wie ein rosa-weißer Schneesturm unter Wasser. Der Laich treibt an die Oberfläche, wo sich Eier und Spermien vermischen. Für die Fische ist das eine reiche Futterquelle, aber einige Eier enthalten abschreckende Chemikalien. Die befruchteten Eier entwickeln sich innerhalb weniger Stunden zu Embryonen. Dies sind Korallenlarven, die im Wasser umhertreiben, bis sie ein freies Plätzchen auf dem Meeresgrund finden. Dort lassen sie sich nieder und begründen eine neue Kolonie. Das Massenablaichen der Korallen gehört zu den großen Wundern der Natur, das auch in anderen Korallenriffen, etwa in der Karibik, stattfindet, aber nicht in allen. Der von den Eiern stammende Schleim an der Meeresoberfläche ist vom Weltall aus zu sehen. Trotzdem wurde das Ereignis erst 1981 zum ersten Mal aufgezeichnet.

| | |
|---|---|
| **NAME** | **Steinkorallen** – mehr als 140 Arten |
| **LEBENSRAUM** | Großes Barriereriff, Australien |
| **EREIGNIS** | in einer Nacht setzen alle Korallen zugleich ihre Eier und Spermien frei |

EXTREME FAMILIEN   295

# Das schillerndste Männchen

| | |
|---|---|
| **NAME** | **Saphirkrebs** *Sapphirina spec.* |
| **LEBENSRAUM** | subtropische und tropische Ozeane |
| **FÄHIGKEIT** | glitzert in den schillerndsten Farben |

Saphirkrebse sind millimeterkleine, lausförmige Krebse und Teil des reichhaltigen Meeresplanktons. Farbe spielt in ihrem Leben eine herausragende Rolle. Während die frei herumschwimmenden Weibchen so unauffällig wie möglich bleiben, funkeln die eher sesshaften Männchen in irisierendem Blau. Sowie ein Sonnenstrahl sie streift, schillern sie in allen Regenbogenfarben. Ihre Körperhülle ist mit vielen Schichten winziger Kristalle imprägniert, die wie Prismen wirken. Sie spalten das weiße Licht in seine Einzelfarben auf und reflektieren es – daher das Schillern.

Interessanterweise haben die Männchen unterschiedlich dicke Kristallschichten, so dass sie in verschiedenen Farben funkeln, obwohl sie zur selben Art gehören. Warum, weiß niemand so genau. Die Männchen leben im Körperinneren von durchsichtigen Salpen (Manteltiere); das sind tonnenförmige kleine Tiere, die sich per Rückstoß fortbewegen. Die Saphirkrebse ernähren sich von ihnen und sind auch hinsichtlich des Transports von ihnen abhängig. Wahrscheinlich schillern die parasitisch lebenden Männchen deshalb so stark, um die Weibchen auf sich aufmerksam zu machen. Die haben tatsächlich bessere Augen als die Männchen und sehen sogar dreidimensional.

Sobald ein Weibchen einen potenziellen Partner gefunden hat, schwimmt das Männchen aus seiner Salpe heraus, um sich zu paaren. Der Nachteil ist nur, dass sein Wirt währenddessen verschwindet. Heimatlos und ohne Futter bleibt das Männchen zurück, bis es eine neue Salpe zum Hereinschlüpfen und Naschen findet.

# Das Tier mit dem meisten Sex

| | |
|---|---|
| **NAME** | **Bonobo** *Pan paniscus* |
| **LEBENSRAUM** | Demokratische Republik Kongo, südlich des Kongo-Flusses |
| **FÄHIGKEIT** | setzt Sex zur Beziehungspflege ein und um Frieden zu stiften |

Für Bonobos ist Sex weder ein Tabu noch lediglich Mittel zum Zweck. Er ist ein lebenswichtiger Bestandteil ihres gesellschaftlichen Umgangs. Erotische Kontakte zwischen den Tieren, egal welchen Alters und Geschlechts, helfen bei der Konfliktvermeidung, Versöhnung und Harmonisierung des Alltags. Sex wird daher ziemlich häufig – und schnell – praktiziert. Die Position ist wie beim Menschen oft von Angesicht zu Angesicht, so dass sich die Partner in die Augen sehen. Erotische Kontakte zwischen Weibchen sind weit verbreitet. Genitalreiben und soziales Lausen erhält die Freundschaft. Auf diese Weise können junge Weibchen auch in einer fremden Gruppe Fuß fassen, indem sie mit den dort etablierten Weibchen anbändeln. Die Männchen bleiben in ihrer Geburtsgruppe. Im Gegensatz zu Schimpansen sind die Bonobo-Gruppen weiblich dominiert; befreundete Weibchen schließen sich zusammen, um aggressive Männchen unter Kontrolle zu halten. Männchen gehen nicht so enge Bindungen ein, aber selbst sie praktizieren Genitalreiben, um Spannungen abzubauen oder um sich einander anzunähern. Die engste Beziehung hat ein Männchen zu seiner Mutter, mit der es das ganze Leben verbunden bleibt. Selbst sein gesellschaftlicher Status hängt von dem der Mutter ab.

Obwohl Bonobos viel Zeit auf Bäumen verbringen, ähneln sie dem Menschen durch ihren – gelegentlichen – aufrechten Gang und ihre große Intelligenz. In Gefangenschaft lernen sie die Grundzüge der menschlichen Sprache und setzen sie zur Verständigung mit ihren Bezugspersonen ein. Was aber die Fähigkeit angeht, durch Sex Frieden zu stiften, sind sie Menschen und Schimpansen weit überlegen.

Weibchen werden nur alle sechs bis sieben Jahre trächtig. Diese langsame Fortpflanzung gefährdet in unserer von Menschen dominierten und von Kriegen zerrütteten Welt das Überleben der Art. Die Abholzung des Regenwaldes und Wilderei haben die Bonobo-Populationen zersplittert. Die Gesamtzahl beträgt vielleicht nicht einmal mehr 10 000 Tiere.

# Die traumatischste Begattung

| | |
|---|---|
| NAME | **Gemeine Bettwanze** *Cimex lectularius* |
| LEBENSRAUM | möglicherweise in einem Bett in Ihrer Nähe |
| EREIGNIS | die Männchen stechen die Weibchen, um Spermien zu injizieren |

Eine männliche Bettwanze hat nicht nur Mundwerkzeuge, um menschliches Blut zu saugen, sondern auch einen in eine „Kanüle" umgewandelten Penis. Damit piekst sie Weibchen, um das Sperma direkt ins weibliche Blut zu übertragen. Von dort findet es seinen Weg zu den Ovarien. Die Stichwunde kann allerdings zu einer Infektion führen. Diese Methode scheint sich entwickelt zu haben, um den weiblichen Geschlechtstrakt und somit die Kontrolle über den Befruchtungszeitpunkt zu umgehen.

Aber die Weibchen haben eine Gegenstrategie entwickelt. Nach den Narben auf ihren Körpern zu urteilen, nimmt ein kopulierendes Männchen oft eine bestimmte Position ein, so dass seine spermienübertragende Kanüle in das fünfte Segment des weiblichen Körpers sticht. Wenn das auf der rechten Seite passiert, rutscht sein Organ in eine Kerbe, die mit einer Tasche verbunden ist. Die enthält spermizide Zellen, die nicht nur unerwünschten Samen abtöten, sondern zugleich auch Mikroben. Auf diese Weise leben Weibchen länger und produzieren mehr Eier. Ein Männchen ist aber auf der Hut vor promiskuitiven Weibchen. Auf seiner Kanüle sitzen Sensoren, die Sperma tasten können. Sowie ein Männchen welches entdeckt, injiziert es viel weniger von seinem eigenen Sperma. Es bewahrt sich seine Ressourcen für seinen wahren Wunsch auf: Jungfrauen.

EXTREME FAMILIEN

# Die leuchtendste Kreatur

Von März bis Mai leuchtet die Toyamabucht an der Westküste der japanischen Insel Honshu nachts regelrecht auf. Das Wasser blitzt und schimmert, funkelt und glüht – ein Spektakel, das Besucher aus der ganzen Welt anzieht. Die Stadtverwaltung von Toyama hat die Bucht sogar zum Naturdenkmal erklärt. Einmal im Jahr kommen dort die Leuchtkalmare zum Laichen zusammen. Es sind Hunderttausende kleiner Tintenfische, jeder vier bis sechs Zentimeter lang, die auf Grund von Hunderten lichtproduzierender Flecken auf der Haut zur Biolumineszenz fähig sind. Diese Tintenfische sind wahrscheinlich die Kreaturen in der Natur, die am auffälligsten leuchten können.

Wenn sie laichen (Eier und Spermien abgeben), dient ihr Licht zweifellos der sexuellen Kommunikation. Außerhalb der Laichzeit hat es eine andere Funktion.

Die meiste Zeit des Jahres verbringen die Tiere auf dem offenen Meer entweder im Pazifik oder im Japanischen Meer. Tagsüber halten sie sich in einer Tiefe zwischen 200 und 600 Metern auf. Nachts steigen sie an die Oberfläche. Ihr Leuchten dient dann wahrscheinlich dazu, ihren Körperumriss optisch aufzulösen und damit potenzielle Räuber zu verwirren. Vielleicht ist es aber auch ein Köder, um selbst Beute anzulocken.

**NAME** **Leuchtkäferkalmar** *Watasenia scintillans*
**LEBENSRAUM** Westpazifik
**FÄHIGKEIT** entzündet ein Unterwasser-Feuerwerk mit Hilfe von Biolumineszenz

# Die raffinierteste Verwendung von Dung

**NAME**    **Kaninchenkauz** *Athene cunicularia*

**LEBENSRAUM**    Weideflächen in Nord-, Mittel- und Südamerika

**FÄHIGKEIT**    benutzt Dung als Köder für Käfer

Der Kaninchenkauz lebt nicht auf dem Baum, sondern in einem Erdloch. Dort ruht er sich aus, und dort brütet er. Der wissenschaftliche Name *cunicularia* bedeutet zwar „kleiner Bergarbeiter", aber er bevorzugt bereits fertige Höhlen. Im Frühling sucht oder gräbt sich das Eulenmännchen einen Bau in einem Gebiet mit kurzem Gras, wo Insekten und kleine Nagetiere leben. Dann sammelt es den Dung von Pferden oder Kühen und deponiert ihn in der Nestkammer sowie rund um den Eingang.

Früher glaubte man, damit wolle der Kaninchenkauz den Geruch der Eier oder Jungtiere verbergen, um sie vor Räubern wie dem Dachs zu schützen. Aber es gibt noch einen besseren Grund. Die wieder ausgespienen Gewölle von Eulen mit Dung in ihren Nestern enthalten zehn Mal mehr Mistkäferreste als die Gewölle von Eulen ohne Dung. Das heißt, die Eulenmännchen locken auf diese Weise Mistkäfer an, die selber Dung suchen, um ihn zu Kugeln zu rollen und ihre Eier darin abzulegen.

Für brütende Weibchen ist der Dung deshalb so etwas wie „Essen auf Rädern". Das Gleiche gilt für die Männchen, die viel Zeit damit verbringen, die Nisthöhlen zu bewachen und nur wenig Gelegenheit zum Jagen haben. Auch der Mensch nutzt Dung – als Brennmaterial –, und ein oder zwei Vogelarten brauchen ihn für ihre Nester. Aber der Kaninchenkauz hält den Rekord für die beste Idee zu seiner Nutzung.

# Der älteste Jugendliche

**NAME** **Grottenolm** *Proteus anguinus*
**LEBENSRAUM** unterirdische Fließgewässer in den Kalksteinhöhlen der Gebirge längs des Adriatischen Meeres, von Triest bis Montenegro
**FÄHIGKEIT** lebt für mehr als 50 Jahre im Jugendstadium

Eine Gruppe von salamanderähnlichen Amphibien, die ein fast vollständiges Leben im Wasser gewählt hat, frönt der so genannten Neotenie. Das heißt, sie sehen auch als Erwachsene noch wie Jungtiere aus, wie ewige Kaulquappen mit Kiemen und Flossen. Zu ihnen gehört der mexikanische Axolotl, der in der Wildnis nur in zwei Seen vorkommt. Allerdings kann er sich, falls das Gewässer austrocknet, in einen richtigen, auf dem Land herumstreifenden Salamander verwandeln. Die übrigen Neotenie-Amphibien bleiben ihr Leben lang jugendlich.

Einer der seltsamsten ist der aalähnliche Grottenolm: blind, durchsichtig, mit winzigen Gliedmaßen und einer babyrosafarbenen Haut. (In Slowenien gibt es auch eine schwarze Population.) Der Grottenolm lebt in dunklen, unterirdischen Höhlen. Er jagt Insektenlarven oder anderes Kleingetier, das er anhand von Geruch und Vibrationen aufspürt. Wahrscheinlich orientiert er sich auch anhand des Erdmagnetfelds. In schlechten Zeiten kann er jahrelang ohne Nahrung leben, möglicherweise in einer Starre.

Obwohl er Flossen und Kiemen aus dem Larvalstadium sein Leben lang behält (Gerüchten zufolge soll er bis zu 100 Jahre alt werden), wird er mit ungefähr sieben Jahren geschlechtsreif. Normalerweise legt das Weibchen Eier, aber unter bestimmten Bedingungen, so heißt es, könnte es auch lebende Junge gebären, vielleicht, wenn es zu trocken wird. Biologen vermuten, dass der Grottenolm seine unterirdische Lebensweise nach der letzten Eiszeit aufnahm, als er sich in wassergefüllte Kalksteinhöhlen im Karstgebirge zurückzog. Weil er nie wieder an die Oberfläche kam, brauchte er sich wegen seiner Kaulquappenflossen und -kiemen keine Sorgen zu machen. Und so bleibt er ein ewiger Jugendlicher.

# Die streitsüchtigsten Geschwister

**NAME** **Tüpfelhyäne** *Crocuta crocuta*

**LEBENSRAUM** afrikanische Savanne

**FÄHIGKEIT** schon kurz nach der Geburt beginnen die Geschwister, gegeneinander zu kämpfen

Die Natur ist hart, und selbst Geschwister können sich nicht immer aufeinander verlassen. Beim Tigerhai zum Beispiel, wo die Embryonen im Mutterleib aus ihren Eikapseln schlüpfen, nähren sich die zuerst geschlüpften von den anderen Embryonen. Zur Geburt sind nur noch zwei Jungtiere übrig, in jedem Eileiter eins. Die Jungen der Tüpfelhyäne fressen sich zwar nicht gegenseitig auf, aber sie bekämpfen sich gleich nach der Geburt – und das oft ziemlich bösartig.

Üblicherweise enthält ein Wurf zwei Welpen. Beide haben sehr scharfe Zähne. Ein Junges stirbt meist an Hunger oder an Verletzungen, die es bei den Kämpfen erlitten hat, insbesondere, wenn beide das gleiche Geschlecht haben. Falls sie unterschiedlichen Geschlechts sind, überleben in der Regel beide. Sie kämpfen nicht um Milch, sondern bereiten sich auf das Erwachsenenleben vor.

Der Erfolg beim Jagen großer Beutetiere beruht vor allem auf Kooperation in der Sippe. Wenn es jedoch ans Fressen der getöteten Beute geht, bekämpfen sich die Tüpfelhyänen heftig. Wie viel ein Tier fressen darf, hängt von seiner Stellung in der Hierarchie ab. Weibchen dominieren über alle Männchen, und dann gibt es noch eine Hierarchie innerhalb der Geschlechter. Kritisch wird es für die Jungtiere, deren Mütter auf einer niedrigen Rangstufe stehen. Ob sie ihre Jugend überleben, hängt in großem Maß von der Nahrungsmenge ab, die man ihren Müttern zugesteht. Geschwisterkampf ist daher gleich in mehrfacher Hinsicht eine Angelegenheit auf Leben und Tod.

Männchen und Weibchen haben unterschiedliche Paarungsstrategien, was zu unterschiedlichen Formen, Farben oder Größen der Geschlechter führen kann. Dieses Phänomen ist im Tierreich weit verbreitet und wird als Sexualdimorphismus bezeichnet. Trotzdem ähneln sich die Geschlechter oft noch so sehr, dass man sie als zur selben Art gehörend erkennt. Nicht so beim Löcherkraken: Das Weibchen kann zwei Meter lang werden und zehn Kilogramm wiegen. Das Männchen wird 2,4 Zentimeter lang und ist damit etwa so groß wie die Pupille des Weibchens.

Löcherkraken bewohnen das offene Meer, eine grenzenlose Welt, die von Strömungen beherrscht wird. Für das Weibchen bedeutet das: Es sollte möglichst groß sein und so viele Eier wie möglich produzieren. Damit erhöht es die Chancen, dass mindestens ein paar seiner Eier nicht gefressen werden. Für ein Männchen hätte Größe nicht viel Sinn. Alles, was es tun muss, ist, erwachsen zu werden, Sperma zu produzieren und ein Weibchen zu suchen. Wenn es eines findet, braucht es nur noch seinen Begattungsarm in die Kiemenhöhle seiner Partnerin einzuführen. Der Arm füllt sich mit Sperma und löst sich ab. Das Männchen stirbt nach der Begattung – seine Lebensaufgabe ist erfüllt. Tatsächlich hatten Wissenschaftler zunächst immer nur tote Löcherkraken-Männchen gefunden. Erst im Herbst 2002 konnte ein australischer Forscher bei einem Nachttauchgang erstmals ein lebendes Männchen beobachten.

# Der größte Sexualdimorphismus

NAME **Löcherkrake** *Tremoctopus violaceus*
LEBENSRAUM warme Meere weltweit
GRÖSSE das Weibchen ist 100-mal größer als das Männchen

EXTREME FAMILIEN 311

Keine werdende Mutter trägt ihre Eier oder Embryonen länger als notwendig. Die Weibchen des Alpensalamanders können bis zu drei Jahre und zwei Monate trächtig sein – die längste bekannte Trächtigkeit eines Wirbeltiers. Im Durchschnitt beträgt sie beim Salamander „nur" zwei Jahre, aber das ist immer noch viel länger als die 20–22 Monate beim Asiatischen Elefanten. Allerdings ist das Salamanderweibchen nicht größer als 14 Zentimeter. In seinem alpinen Lebensraum ist es meist feucht und kalt. Das Weibchen kann nur kurze Zeit im Frühling und Sommer aktiv sein. Je höher es lebt, desto länger dauert seine Trächtigkeit. Wahrscheinlich, weil es umso schwieriger ist, genug Futter für sich selbst und die heranwachsenden Jungen zu finden.

Seltsamerweise legt das Weibchen keine Eier wie die meisten Amphibien. Stattdessen nährt es seine Jungen im Körper, in den beiden Eileitern (nur Säugetiere besitzen einen Uterus). In jedem Eileiter reifen 20 oder mehr Eier, aber nur jeweils ein Ei entwickelt sich dort – die anderen dienen als Nahrung für die beiden wachsenden Larven. Noch seltsamer ist, dass die Jungen spezielle Zähne besitzen, mit denen sie das zerfallende Zellmaterial im Gebärtrakt ihrer Mutter anknabbern. Das gibt ihnen ausreichend Nahrung, um die lange Trächtigkeit zu überdauern und sich vor der Geburt von einer Larve zu einem vollständigen Salamander zu entwickeln. Wenn sie erst einmal auf der Welt sind, müssen sie für sich selbst sorgen.

# Die längste Trächtigkeit

| | |
|---|---|
| **NAME** | **Alpensalamander** *Salamandra atra* |
| **LEBENSRAUM** | Berghochwälder in den Alpenregionen Europas |
| **ZEIT** | bis zu 38 Monate |

EXTREME **FAMILIEN**

# Das seltsamste Nestbaumaterial

Der Nestbau ist so vielseitig wie der Einfallsreichtum des Vogels und hängt vom verfügbaren Material ab. Auch das konservativste Nest kann irgendetwas Ungewöhnliches enthalten, falls die Natur (oder der Mensch) es liefert. Wellenastrilde zum Beispiel – in Afrika lebende Prachtfinken – deponieren Kot von Fleischfressern in ihren Nestern, vielleicht, um Räuber abzuschrecken. Einige Zaunkönige und Fliegenschnäpper nutzen die alten Häute von Schlangen und Eidechsen. Wenn es mal keine alten Häute gibt, sammeln sie Plastikfolien oder Zellophanpapier. Andere Vogelarten begnügen sich mit Kuhdung, falls sie keinen Lehm finden können. Und wenn Tierhaare knapp sind, verwenden manche Vögel stattdessen Wolle, Bänder, sogar Nylonstrumpfhosen und Metallspäne.

Das seltsamste Nestbaumaterial wählen jedoch die Rabenvögel: Krähen, Elstern, Eichelhäher und ihre Verwandten. Die meisten sind Allesfresser. Deshalb passen sie perfekt ins städtische Leben, das ihnen alles nur Erdenkliche liefert, um zugleich ihren Hunger zu stillen und ihre unersättliche Neugier zu befriedigen. Sie haben eine Schwäche für glänzende oder glitzernde Gegenstände, von Ringen und Uhren bis hin zu Aluminiumfolie. All das findet man in ihren Nestern. In Tokio ersetzen einige Krähen ihr normales Nestbaumaterial – große Zweige – komplett durch bunte Kleiderbügel, die sie aus Abfallsäcken fleddern. Sie haben sogar die Art und Weise perfektioniert, sie im Flug davonzutragen. Für den Menschen wird das allerdings manchmal zum Ärgernis: Wenn die Krähen auf einem Strommast nisten wollen und beginnen, dort Metallbügel abzulegen, gibt es einen Kurzschluss.

| | |
|---|---|
| **NAME** | **Aaskrähe** *hashiboso-garasu* (japanisch), *Corvus corone* |
| **LEBENSRAUM** | Tokio, Japan |
| **FÄHIGKEIT** | nutzt städtische Abfälle – vor allem Kleiderbügel – als Nestbaumaterial |

# Danksagung

Der Verlag dankt den folgenden Wissenschaftlern und Experten, die bei der Erstellung dieser Publikation geholfen haben.

**Dr. Duur Aanen,** Universität Kopenhagen, Dänemark; **Hilary Aikman,** Department of Conservation, Wellington, Neuseeland; **Professor Kellar Autumn,** Lewis & Clark College, Oregon, USA; **Dr. Jason Baker,** National Marine Fisheries Service, Honolulu, USA; **Bat Conservation International,** Texas, USA; **Professor Ernest C. Bernard,** University of Tennessee, Knoxville, USA; **Kat Bolstad,** Auckland University of Technology, Neuseeland; **Dr. Elizabeth Brainerd,** University of Massachusetts, Amherst, USA; **Dr. Mark Brazil,** Rakuno Gakuen University, Hokkaido, Japan; **Professor Lincoln Brower,** Sweet Briar College, Virginia, USA; **Professor Malcolm Burrows,** Department of Zoology, University of Cambridge, Großbritannien; **Dr. Eliot Bush,** University of Chicago, Illinois, USA; **Dr. Peter Buston,** National Center for Ecological Analysis and Synthesis, University of Santa Barbara, Kalifornien, USA; **Dr. John A. Byers,** University of Idaho, Moskow, USA (Autor von *Built for Speed*); **Dr. John A. Byers,** Western Cotton Research Laboratory, United States Department of Agriculture – Agricultural Research Service, Arizona, USA; **Dr. Tom Cade,** The Peregrine Fund, Boise, Idaho, USA; **Dr. Janine Caira,** University of Connecticut, Storrs, USA; **Dr. S. Craig Cary,** Center for Marine Genomics, University of Delaware, USA; **Rogan Colbourne,** Department of Conservation, Wellington, Neuseeland; **Professor William E. Conner,** Wake Forest University, Winston-Salem, North Carolina, USA; **Dr. Iain Couzin,** University of Oxford, Großbritannien; **Dr. David Croft,** Arid Zone Field Station, University of New South Wales, Fowlers Gap, Australien; **Dr. Alistair J. Cullum,** Creighton University, Omaha, Nebraska, USA; **Dr. John W. Daly,** Scientist Emeritus, National Institute of Health, Bethesda, Maryland, USA; **Professor Frans B. M. de Waal,** Living Links Center, Emory University, Atlanta, Georgia, USA (Autor von *Bonobo: The Forgotten Ape)*; **Dr. W. Richard J. Dean,** Percy FitzPatrick Institute of African Ornithology, University of Cape Town, Südafrika; **Dr. Mark W. Denny,** Hopkins Marine Station, Stanford University, Kalifornien, USA; **Dr. Andrew Derocher,** Edmonton, University of Alberta, Kanada; **Professor Christopher R. Dickman,** Institute of Wildlife Research and School of Biological Sciences, University of Sydney, New South Wales, Australien; **Dr. Steve Diver,** University of Arkansas, Fayetteville, USA; **Professor Johan T. du Toit,** Direktor, Mammal Research Institute, University of Pretoria, Südafrika; **Professor Tom Eisner,** Section of Neurobiology and Behavior, Cornell University, USA; **Dr. Mark Erdmann,** Senior advisor, Conservation International's Indonesia Marine Program; **Professor Frank E. Fish,** West Chester University, USA; **Professor Charles Fisher,** The Pennsylvania State University, USA; **Dr. Diana Fisher,** School of Botany and Zoology, Australian National University, Canberra, Australien; **Dr. Matthias Foellmer,** St Mary's University, Halifax, Nova Scotia, Kanada; **Dr. Scott C. France,** University of Louisiana, Lafayette, USA; **Dr. Laurence Frank,** Museum of Vertebrate Zoology, University of California, Berkeley, USA; **Dr. Douglas S. Fudge,** University of Guelph, Ontario, Kanada; **Dr. Lisa Ganser,** University of Miami, Florida, USA; **Dr. Randy Gaugler,** Rutgers University, New Jersey, USA; **Professor Ray Gibson,** John Moores University, Liverpool, Großbritannien; **Dr. Cole Gilbert,** Department of Entomology, Cornell University, USA; **Dr. Matthew R Gilligan,** Savannah State University, Georgia, USA; **Dr. Ross L. Goldingay,** Southern Cross University, Lismore, New South Wales, Australien; **Professor Gordon C. Grigg,** University of Queensland, Brisbane, Australien; **Dr. Paul D. Haemig,** Umeå Universität, Schweden; **Professor Bill Hansson,** Department of Crop Science, Swedish University of Agricultural Sciences, Alnarp, Schweden; **Alice B. Harper,** Aptos, Kalifornien, USA; **Professor Peter Harrison,** Southern Cross University, New South Wales, Australien; **Dr. S. Blair Hedges,** Pennsylvania State University, USA; **Dr. Wilbert Hetterscheid,** Kurator, Botanische Gärten, Wageningen Universität, Niederlande; **Dr. A. Rus Hoelzel,** University of Durham, Großbritannien; **Dr. Carl D. Hopkins,** Cornell University, Ithaca, New York, USA; **Dr. David J. Horne,** Queen Mary, University of London, Großbritannien; **Dr. Ludwig Huber,** Universität Wien, Österreich; **Dr. Michael Huffman,** Kyoto University, Primate Research Unit, Japan; **Professor George Hughes,** University of Bristol, Großbritannien; **Dr. Marina Hurley,** *Writing Clear Science,* Richmond South, Victoria, Australien; **Claudia Ihl,** University of Alaska, Institute of Arctic Biology, Fairbanks, Alaska, USA; **Paul Jansen,** Department of Conservation, Wellington, Neuseeland; **Professor Jennifer U. M. Jarvis,** Zoology Department, University of Cape Town, Südafrika; **Dr. Judy Jernstedt,** University of California, Davis, USA; **Dr. Reinhard Jetter,** University of British Columbia, Vancouver, Kanada; **Professor Dale W. Johnson,** University of Nevada, Reno, USA; **Dr. Darryl N. Jones,** University of Queensland, Brisbane, Australien; **Dr. Peter J. Jones,**

School of Biology, University of Edinburgh, Großbritannien; **Dr. Stephen M. Kajiura,** FAU Elasmobranch Research Laboratory Biological Sciences, Florida Atlantic University, USA; **Professor Ilan Karplus,** Aquaculture Research Unit, Ministry of Agriculture, Bet Dagan, Israel; **Professor Masashi Kawasaki,** University of Virginia, Charlottesville, USA; **Dr. Rob Kay,** Laboratory of Molecular Biology, Medical Research Council, Cambridge, Großbritannien; **Professor Laurent Keller,** Department of Ecology and Evolution, Universität Lausanne, Schweiz; **Professor Keith Kendrick,** Gresham Professor of Physic, Laboratory of Cognitive and Behavioural Neuroscience, The Babraham Institute, Cambridge, Großbritannien; **Dr. Ian Kitching,** The Natural History Museum, London, Großbritannien; **Cor Kwant,** Amsterdam, Niederlande; **Dr. Jack R. Layne Jr.,** Slippery Rock University, Pennsylvania, USA; **Jonathan Leeming** www.scorpions.co.za; **Ashley Leiman,** The Orangutan Foundation, London, Großbritannien; **Professor Douglas Levey,** University of Florida, Gainesville, USA; **A. Jasmyn J. Lynch,** University of Queensland, Gatton, Australien; **Dr. Andrew L. Mac,** Wildlife Conservation Society, Goroka, Papua-Neuguinea; **Dr. Todd J. McWhorter,** College of Agricultural & Life Sciences, University of Wisconsin, Madison, USA; **Dr. Christopher D. Marshall,** Department of Marine Biology, Texas A&M University, Galveston, Texas, USA; **Professor Justin Marshall,** Sensory Ecology Laboratory, Vision Touch and Hearing Research Centre, University of Queensland, Brisbane, Australien; **Chris Mattison,** Sheffield, Großbritannien; **Dr. Mette Mauritzen,** Institute of Marine Research, Bergen, Norwegen; **Don Merton,** Department of Conservation, Wellington, Neuseeland; **Dr. Jay Meyers,** Northern Arizona University, Flagstaff, USA; **Dr. Geoff Monteith,** Queensland Museum, Brisbane, Australien; **Dr. John Morrissey,** Hofstra University Marine Laboratory, New York, USA; **Dr. Ulrich G. Mueller,** University of Texas, Austin, USA; **Dr. Phil Myers,** Museum of Zoology, University of Michigan, Ann Arbor, USA; **Dr. Mark Norman,** Museum Victoria, Melbourne, Australien; **Tim Osborne,** Kori Bustard Farming, Outjo, Namibia; **Peter Parks,** Image Quest Marine, Witney, Oxfordshire,Großbritannien; **Dr. Julian C. Partridge,** University of Bristol, Großbritannien; **Professor Jakob Parzefall,** Zoologisches Institut und Museum, Universität Hamburg, Deutschland; **Dr. Irene Pepperberg,** Brandeis University, Massachusetts, USA; **Professor Eric R. Pianka,** The University of Texas, Austin, USA; **Professor Theodore W. Pietsch,** University of Washington, Seattle, USA; **Robin Prytherch,** Bristol, Großbritannien; **Gordon Ramel,** the Earthlife Web; **Dr. Simon M. Reader,** Utrecht Universität, Niederlande; **Ian Redmond,** Bristol, Großbritannien; **Dr. Eileen C. Rees,** Wildfowl & Wetlands Trust, Martin Mere, Lancashire, Großbritannien; **Dr. Barry A. Rice,** University of California, Davis, USA/International Carnivorous Plant Society; **Dr. Klaus Riede,** Zoologisches Forschungsinstitut und Museum Alexander Koenig (ZFMK), Bonn, Deutschland; **Dr. Stephen Rossiter,** Queen Mary College, University of London, Großbritannien; **Royal Botanic Garden Edinburgh,** Großbritannien; **Dr. Roy T. Sawyer,** Biopharm Ltd, Wales, Großbritannien; **Dr. John S. Scheibe,** Southeast Missouri State University, Cape Girardeau, USA; **Dr. Scott L. Schliebe,** Marine Mammals Management, US Fish and Wildlife Service, Anchorage, Alaska, USA; **Jason C. Seitz,** Florida Program for Shark Research, Florida Museum of Natural History, University of Flo-

rida, Gainesville, USA; **Professor Lynne Selwood,** University of Melbourne, Australien; **Dr. Jamie Seymour,** James Cook University, Cairns, Queensland, Australien; **Professor Craig Sharp,** Brunel University, Middlesex, Großbritannien; **Colin Shawyer,** Wheathampstead, Hertfordshire, Großbritannien; **Professor Rick Shine,** University of Sydney, New South Wales, Australien; **Dr. Stephen C. Sillett,** Humboldt State University, Arcata, Kalifornien, USA; **Dr. Colin Simpfendorfer,** Center for Shark Research, Mote Marine Laboratory, Florida, USA; **Dr. Jack T. Sites Jr.,** Brigham Young University, Provo, Utah, USA; **Nigel Sitwell,** Galapagos Conservation Trust, London, Großbritannien; **Dr. Mike Siva-Jothy,** University of Sheffield, Großbritannien; **Dr. David G. Smith,** National Museum of Natural History, Smithsonian Institution, Washington D.C., USA; **Dr. Peter Speare,** Australian Institute of Marine Science, Townsville, Queensland, Australien; **Dr. Brian Spooner,** Royal Botanic Gardens Kew, Richmond, Surrey, Großbritannien; **Dr. Adam P. Summers,** University of California, Irvine, USA; **Professor Sidney L. Tamm,** Biology Department, Boston University, Boston, Massachusetts, USA; **Dr. Andrew Taylor,** Wildlife Unit, Veterinary Sciences, University of Pretoria, Südafrika; **Dr. Robert J. Thomas,** University of Cardiff, Großbritannien; **Dr. Richard Thorington,** National Museum of Natural History, Smithsonian Institution, Washington, D.C., USA; **Dr. Michael Tyler,** University of Adelaide, South Australia, Australien; **Dr. J. Albert C. Uy,** Syracuse University, USA; **Dr. Richard Vari,** National Museum of Natural History, Smithsonian Institution, Washington D.C., USA; **Dr. Peter Vukusic,** Exeter University, Devon, Großbritannien; **H. J. Walker Jr.,** Scripps Institution of Oceanography, University of California, San Diego, USA; **Dr. Simon J. Ward,** University of Melbourne, Parkville, Victoria, Australien; **William Watson,** NOAA Southwest Fisheries Science Center, La Jolla, Kalifornien, USA; **Dr. Grahame Webb,** Wildlife Management International, Sanderson, Northern Territory, Australien/Chairman IUCN-SSC Crocodile Specialist Group; **Dr. Alexander Weir,** Behavioural Ecology Research Group, University of Oxford, Großbritannien; **Dr. Barbara Wienecke,** Australian Antarctic Division, Tasmanien, Australien; **Professor Oystein Wiig,** Universität Oslo, Norwegen; **Dr. Alex Wilson,** Center for Insect Science, University of Arizona, Tucson, Arizona, USA; **Professor Peter Wirtz,** Portugal; **Dr. Jeffrey J. Wood,** Royal Botanic Gardens, Kew, Großbritannien; **Dr. William F. Wood,** Humboldt State University, Kalifornien, USA; **Dr. Jennifer L. Wortham,** University of Tampa, Florida, USA.

Unser besonderer Dank gilt **Helen Brocklehurst** und **Rachel Ashton** für ihre Ratschläge, Unterstützung sowie die Begeisterung, die Sie dem Projekt vom Anfang bis zum Ende entgegengebracht haben.

# Index

**Gefettete** Seitenzahlen verweisen auf Abbildungen.

Aal
  Europäischer Flussaal 245
  Sackmaulaal 209
Aaskrähe 314-**315**
*Acinonyx jubatus* 150-**151**
Afrikanische Wanderheuschrecke 92-93, **92-93**
Afrikanischer Elefant 170-**171**, 188
Alaska, Golf von 221
Albatros, Wander- 96, 103, 106, 180-**181**
*Alepas pacifica* 88
Alpensalamander **312**-313
*Alvinella pompejana* 64-**65**
*Amblyornis inornatus* **264**-265
Ameise 42, 72, 133
  Argentinische Ameise **190**-191
  Blattschneiderameise 51
  Feuerameise 72
  Gelbe Wegameise 88
  Treiberameise 154-155, **154-155**
  Wanderameise 154-155, **154-155**
Amerikanische Zitterpappel 218-**219**
Amerikanischer Uhu 75
Amerikanisches Opossum 280
*Amorphallus*
  *gigas* 61
  *titanum* **60**-61
Amphipode 118-**119**
*Amphiprion percula* 290-**291**
Amsel 130
Anakonda 184
Andenkondor 103, **110**-111
Anemone 99, 290
Angler(fisch)
  Riesen- 272
  Tiefsee- 272-**273**
*Angraecum longicalar* 192
*Anguilla spec.* **244**-245
Antarktis 48, 69, 96, 117, 153, 176, 262
Antarktischer Seebär 176-**177**
*Antechinus agilis* **250**-251
*Antennarius spec.* 114-**115**
*Antennophorus grandis* 88
*Antheraea polyphemus* 30-**31**
*Antilocapra americana* **140**-141
*Aphididae* **284**-285
*Aptenodytes forsteri* 262-**263**
*Apus apus* 96-**97**
*Arctocephalus gazella* 176-**177**
*Ardeotis kori* **102**-103
Argentinische Ameise **190**-191

*Argiope aurantia* **268**-269
*Ariolimax dolichophallus* 292-**293**
*Armillaria ostoyae* **168**-169
Arnold, Joseph 224
Asiatischer Elefant 170
*Athene cunicularia* 304-**305**
Australien 24, 52, 84, 187, 197, 286
Australische Brennnessel 52-**53**
Axolotl 307

Baja California 117
Bakterien 20-21, **20-21**, 118
*Balaenoptera musculus* 198-**199**
Bambus, Moso- 164-**165**
Bananenschnecke 292-**293**
Bandwurm 266-**267**
  Fischbandwurm 266
Banyan-Baum 246-**247**
Bärenspinner 270-**271**
Bastardschildkröte, Pazifische 276-277, **276-277**
Beata (Dominikanische Republik) 175
Bengalische Feige 246-**247**
*Beroe spec.* **208**-209
Beutelmaus
  Östliche Dickschwanz-Schmalfuß-beutelmaus 280-**281**
  Breitfußbeutelmaus **250**-251
Bienenelfe 103
*Bitis gabonica* 160-**161**
Blasser Rennteju 282-**283**
Blatthühnchen, Gelbstirn- 134-**135**
Blattschneiderameise 51
Blauer Morphofalter 258
Blauflossenthunfisch 137
Blauring-Oktopus 13
Blauwal 48, 198-**199**, 200
Blindwühle 124-**125**
Blutschnabelweber 122-123, **122-123**
Bombardierkäfer 14-**15**
Bonobo 243, **298**-299
*Bovist, Riesen-* **260**-261
Boxerkrabbe **12**-13
*Brachinus*
  *crepitans* 14-**15**
  *explodens* 14-**15**
*Bradypus variegatus* 156-**157**
Brahmanen-Wurmschlange 282
Brasilianischer Goldfrosch 227
Braune Einsiedlerspinne 80
Breitfußbeutelmäuse **250**-251
Breitschwanzelfe 44-**45**
Brennnessel, Australische 52-**53**
Buckelwal **32**-33, 117, 223

*Calvatia gigantea* **260**-261
Celebes (Indonesien) 184
*Ceratias holboelli* 272
*Ceratioidei* 272-**273**
„Challenger Deep" 118
*Chamaeleonidae* 142-**143**
Chamäleon 142-**143**
Chathaminseln (Neuseeland) 62
Chathamschnäpper 62-**63**
*Chironex fleckeri* **40**-41
Chocó-Indianer 17
Chordatiere 76
*Cimex lectularius* 300-**301**
Clown-Anemonenfisch 290-**291**
*Cnemidophorus exsanguis* 282-**283**
„Coco de mer" **274**-275
„Cornthwaite Tree" 187
*Corvus*
  *corone* 314-**315**
  *moneduloides* 18-**19**
*Cosmosoma myrodora* 270-**271**
*Craseonycteris thonglongyai* 236-**237**
*Crocuta crocuta* **308**-309
Curieuse (Seychellen) 275
*Cygnus columbianus* 210-**211**
*Cymothoa exigua* 34-**35**

*Danaus plexippus* 148-**149**
Darwin, Charles 192
Delphin 48
  Jangtse-Delphin 234
  Spinner-Delphin 163
*Dendrocnide moroidés* 52-**53**
Der einsame George 234-**235**
*Dictyostelium discoideum* **104**-105
*Diodon holocanthus* 100-**101**
*Diomedea exulans* 180-**181**
*Dionaea muscipula* **120**-121
*Diphyllobothrium latum* 266
Dominikanische Republik 175
*Dorylus spec.* 154-155, **154-155**
Dreizehen-Faultier 156-**157**
Drossel, Sing- 130
Drückerfisch 100
Dunkler Hallimasch **168**-169

*Echis carinatus* 84-**85**
Echsen, Schienen- 282-**283**
*Eciton spec.* 154-155, **154-155**
Egel, Riesen- 28-**29**
Eichelhäher 314
Einsiedlerkrebs 13
Eisbär **220**-221
*Electrophorus electricus* 66-67, **66-67**
Elefant 38
  Afrikanischer E. 170-**171**, 188
  Asiatischer Elefant 170
  Savannenelefant 170
  Waldelefant 170
Elektrischer Wels 67
*Eleutherodactylus iberia* **226**-227
Elster 314

*Enhydra lutris* 206-**207**
*Enhydrina schistosa* 84
Entenmuschel 292
*Epigoium aphyllum* 10-**11**
Erdferkel **132**-133
*Erithacus rubecula* 130-**131**
*Eschrichtius robustus* **116**-117
Estrada, Alberto 227
Etrusker-Spitzmaus 236
Eukalyptus 187
Eulenpapagei **54**-55
Europäischer Flussaal 245

Fadenschnecke **98**-99
Fadenwürmer **194**-195
*Falco peregrinus* 106-**107**
Falke, Wander- 106-**107**
Fangschreckenkrebs **82**-83
Faultier, Dreizehen- 156-**157**
Fawcett, Percy 184
Feige
  Bengalische Feige 246-**247**
  Würgefeige 246-**247**
Feuerameise 72
*Ficus benghalensis* 246-**247**
Fiji-Sturmvogel 234
Fisch
  Clown-Anemonenfisch 290-**291**
  Krötenfisch 114-**115**
  Riemenfisch 228-**229**
  Schwarzer Tiefseefisch 209
  Segelfisch **136**-137
  Speerfisch 137
Fischbandwurm 266
Fledermaus 78
  Hummelfledermaus 236-**237**
  Kittis Fledermaus 236-**237**
  Vampirfledermaus 28
Fliegenschnäpper 314
Flohkrebs 118-**119**
Flores (Indonesien) 47, 56
Flussaal, Europäischer 245
Frosch
  Brasilianischer Goldfrosch 227
  Gelbstreifen-Pygmäen-Frosch 227
  Goldener Pfeilgiftfrosch **16**-17
  Katholikenfrosch 24-**25**
  Magenbrütender Frosch 252-**253**
  „Tetas de Julia"-Frosch 227
  Titicaca-Pfeiffrosch **230**-231
  Waldfrosch **68**-69
Fuchshai
  Gemeiner Fuchshai **222**-223
  Großaugen-Fuchshai 223
  Indopazifischer Fuchshai 223

Gabelbock **140**-141
Gabunviper 160-**161**
Galapagos-Riesenschildkröte 234-**235**
*Ganoderma applanatum* 169
Gazelle (Thomsongazelle) 150
Gecko 108-**109**, 175

Jaragua-Gecko **174**–175
Gelbe Wegeameise 88
Gelbflossenthunfisch 137
Gelbstirn-Blatthühnchen 134-**135**
Gelbstreifen-Pygmäen-Frosch 227
Gemeine Bettwanze 300-**301**
Gemeiner Fuchshai **222**-223
*Geochelone nigra abingdoni* 234-**235**
George, Der einsame 234-**235**
Gepard 141, 150-**151**
Geradschnabelkrähe 18-**19**
*Gerris spec.* 138-**139**
Gibbon 243
Ginkgo **238**-239
*Ginkgo biloba* **238**-239
*Giraffa camelopardalis* 212-**213**
Giraffe 212-**213**
Glasaal **244**-245
*Glaucus atlanticus* **98**-99
Goldfrosch, Brasilianischer 227
Gorilla 243
Graupapagei 70-**71**
Grauwal **116**-117
Grizzly 221
Grönlandwal 172
Großaugen-Fuchshai 223
Große Hufeisennase 78-**79**
Großer Langnasenbeutler 280
Großer Tümmler 128-**129**
   Pazifischer 128
Großes Barriereriff 166, 295
Großfußhühner **286**-287
Grottenolm 306-307, **306**-**307**
Gympie 52-**53**

*Haementeria ghilianii* 28-**29**
Hai 30, 59
   Gemeiner Fuchshai **222**-223
   Großaugen-Fuchshai 223
   Großer Hammerhai **22**-23
   Indopazifischer Fuchshai 223
   Tigerhai 309
   Walhai **162**-163, 209
Hallimasch, Dunkler **168**-169
Hamiltons Kolosskalmar **216**-217
*hashiboso-garasu* 314-**315**
Heidelbeere, nordamerikanische 202
*Heterocephalus glaber* **288**-289
*Heterorhabditis bacteriophora* 20-21,
   **20**-**21**
Heuschrecke, Afrikanische Wander-
   92-93, **92**-**93**
*Hirondellea gigas* 118-**119**
Hiroshima 239
*Homo sapiens* 188-**189**, 205
Honshu (Japan) 303
Hufeisennase, Große 78-**79**
Hummelfledermaus 236-**237**
Hundskamille, Stinkende 270
Hüttengärtner **264**-265
Hyäne, Tüpfel- **308**-309
*Hydrophis belcheri* 84

Igelfisch 100-**101**
Impala 150
Indischer Ozean 179
Indopazifischer Fuchshai 223
Irian Jaya (Indonesien) 265
Isopode 34-**35**
*Istiophorus platypterus* **136**-137

*Jacana spinosa* 134-**135**
Jangtse-Delphin 234
Japanisches Riesengleithörnchen
   **146**-147
Jaragua-Gecko **174**-175
„Jesus Christus Vogel" 134-**135**

Käfer
   Bombardierkäfer 14-**15**
   Rhinozeroskäfer **126**-127
Kaiserpinguin 262-**263**
Kakapo **54**-55
Kalifornien 198, 292
Kalkutta 246
Kalmar
   Hamiltons Kolosskalmar **216**-217
   Leuchtkäferkalmar **302**-303
Känguruh 254-**255**
Kaninchenkauz 304-**305**
Kannenpflanzen 42-**43**
Kapuzineräffchen 38
Karibik 175, 227
Kasuar 55
Katholikenfrosch 24-**25**
Katzenfloh 91
Kauz, Kaninchen- 304-**305**
Kea **36**-37
Kenia 93, 150
Killerwal 48-**49**
King, Deny 202
King's Holly 202-**203**
Kittis Fledermaus 236-**237**
Kiwi 55, 262, 278
   Streifenkiwi 278-**279**
Kobra, Königs- 160
Kodiakbär 221
Kolibri 278
   Bienenelfe 103
   Breitschwanzelfe 44-**45**
   Rubinkehlkolibri 210
   Zimtkolibri 96
Kolumbien 17
Komodowaran 56-**57**
Kondor, Anden- 103, **110**-111
Königskobra 160
Koralle 172
   Steinkoralle **294**-295
Korallenwurz, westliche 10
Krabbe, Boxer- **12**-13
Krähe 314
   Aaskrähe 314-**315**
   Geradschnabelkrähe 18-**19**
Krake, Löcher- 310-311, **310**-**311**
Krebs

Flohkrebs 118-**119**
   Saphirkrebs 296-**297**
   Fangschreckenkrebs **82**-83
Krebstiere 34
Kreosotbusch 202
Kriegerische Termite **50**-51
Krokodil 163
   Leistenkrokodil 240-**241**
Krötenechse, Texas- 72-**73**
Krötenfisch 114-**115**
Kuba 227
Küsten-Mammutbaum **186**-187
Küstenseeschwalbe 96, **152**-153

Lackporling 169
*Lamellibrachia luymesi* 172-**173**
Langnasenbeutler, Großer 280
Languste (Larve) 88-**89**
*Latimeria*
   *chalumnae* **178**-179
   *menadoensis* **178**-179
Leistenkrokodil 240-**241**
Lemuren, Schwarze 38
*Lepidochelys oliveacea* 276-277,
   **276**-**277**
*Leptocephalus brevirostris* 245
Leuchtkäferkalmar **302**-303
*Linepithema humile* **190**-191
*Lineus longissimus* 182-**183**
Little Mangere (Neuseeland) 62
Löcherkrake 310-311, **310**-**311**
*Lodoicea maldivica* **274**-275
*Lomatia tasmanica* 202-**203**
*Loxodonta africana* 170-**171**
Luzon (Philippinen) 166
*Lybia spec.* **12**-**13**

*Macropus rufus* 254-**255**
*Macrotermes bellicosus* **50**-51
Magenbrütende Frösche 252-**253**
Mammut 205
Manteltiere 296
Mar de Cortés 34
Marianengraben 118
Markov, Georgi 27
Marlin 137
*matevenados* (=Hirschtöter) 144-**145**
Mauersegler 96-**97**
*Megalania prisca* 56
*Megapodius reinwardt* 286-**287**
*Megaptera novaeangliae* 32-**33**
Mensch **188**-189
*Mephitis mephitis* 74-75
*Mesonychoteuthis hamiltoni* **216**-217
Messerfisch 67
Milbe 88
Millipede 112-**113**
„Mimik-Oktopus" 46-**47**
*Mirounga leonina* 256-**257**
Monarchfalter 148-**149**
*Monodon monoceros* 214-**215**
Monsterwaran 56

*Moritella yayanosii* 118
*Morpho spec.* 258-**259**
Morphofalter 258-**259**
Moschusochse **204**-205
Moso-Bambus 164-**165**
Motte, Polyphemus- 30-**31**
Mücke, afrikanische 69
*Myotis*
   *lucifugus* 78
   *septentrionalis* 78
*Myxine glutinosa* 76-**77**

Nachtigall 55
Nacktmull **288**-289
Namibia 170
Narwal 214-**215**
Nashornviper 160
Nebraska 93
Nematoden 20-21, **20**-**21**, **194**-195
*Nepenthes spec.* 42-**43**
*Nestor notabilis* **36**-37
Netzpython 184-**185**
Nordamerikanische Heidelbeere 202
Nordamerikanische Wandertaube 122
*Notaden bennetti* 24-**25**

Oktopus
   „Mimik-Oktopus" 46-**47**
   Blauring-Oktopus 13
Opossum, Amerikanisches 280
Orang-Utan **242**-243
Orca 48-**49**
Orchidee 10
   Orchidee, Vogelnest- 10
Oregon (USA) 169
Orissa 276-277
*Orycteropus afer* **132**-133
Östliche Dickschwanz-Schmalfuß-
   beutelmaus 280-**281**
Otter, See- 18, 206-**207**
*Ovibus moschatus* **204**-205

*Pan*
   *paniscus* **298**-299
   *troglodytes* 38-**39**
Pandas, Riesen- 164
*Panulirus spec.* 88-**89**
Papagei 37
   Eulenpapagei **54**-55
   Graupapagei 70-**71**
Papuawaran 56
Pazifische Bastardschildkröte
   276-277, **276**-**277**
Pazifischer Großer Tümmler 128
Pepperberg, Irene 70
*Petaurista leucogenys* **146**-147
*Petroica traversi* 62-**63**
Pfeiffrosch, Titicaca- **230**-231
Pfeilgiftfrosch, Goldener **16**-17
*Photorhabdus luminescens* 20-21, **20**-**21**
*Phrynosoma cornutum* 72-**73**

INDEX 319

*Phyllobates terribilis* **16**–17
*Phyllostachys edulis* 164–**165**
*Physalia spec.* 200–**201**
*Physeter macrocephalus* **94**–95
Pinguin, Kaiser- 262–**263**
Pinta (Galapagosinsel) 234
Plinius der Ältere 246
*Polygonoporus giganticus* 266–**267**
Polyp 99
Polyphemus-Motte 30–**31**
Pompeji-Wurm 64–65
*Pongo pygmaeus* **242**–243
„Po'ouli" 234
*Populus tremuloides* 218–**219**
Portugiesische Galeere 99, 200–**201**
Pottwal **94**–95, 188, 195, 266
Prachtfink (Wellenastrild) 314
Praslin (Seychellen) 275
*Pristis spec.* **58**–59
*Proteus anguinus* 306–307, **306**–**307**
*Psittacus erithacus* 70–**71**
Puffotter 160
*Python reticulatus* 184–**185**
Python, Netz- 184–**185**

Qualle 88
 Würfelqualle **40**–41
Quastenflosser **178**–179
*Quelea quelea* 122–123, **122**–**123**

Raffles, Sir Stamford 224
Rafflesia 224–**225**
*Rafflesia arnoldii* 224–**225**
*Rana sylvatica* 68–69
Rankenfußkrebs 292
*Regalecus glesne* 228–**229**
Reinwardthuhn 286–**287**
Rennteju, Blasser- 282–**283**
*Rhinocodon typus* 162–163
Rhinozeros-Käfer **126**–127
*Ricinus communis* **26**–27
Riemenfisch 228–**229**
Riesenangler 72
Riesenbovist 260–261
Riesenegel 28–**29**
Riesengleithörnchen, Japanisches **146**–147
Riesenpandas 164
Riesenschildkröte 172
 Galapagos-R. 234–**235**
Riesentrappe **102**–103
Riesenwurz 61
*Riftia pachyptila* 65
Ringelwürmer 28
Rippenquallen **208**–209
Rizinus **26**–27
Robbe 176
Rochen, Torpedo- 67
Rohrdommel 55
Röhrenblattlaus **284**–285
Röhrenwurm 65, 172–**173**
Rossmeer 217

Rotkehlchen 130–**131**
Rubinkehlkolibri 210
Ruderfußkrebs 88

Sabah (Borneo) 240
Sackmaulaal 209
Sägefisch **58**–59
Salamander, Alpen- **312**–313
*Salamandra atra* **312**–313
Salpe 296
Sandrasselotter 84–**85**
Santa Cruz (Galapagos) 234
*Sapphirina spec.* 296–**297**
Saphirkrebs 296–**297**
Sargassomeer 245
Savannenelefant 170
*Scarabaeiden* 127
Schaumzikade **90**–91
Schienenechsen 282–**283**
Schildkröte
 Galapagos-Riesensch. 234–**235**
 Pazifische Bastardschildkröte 276–277, **276**–**277**
 Riesenschildkröte 172
Schimpanse 18, 38–**39**, 243
*Schindleria brevipinguis* 166–**167**
*Schistocerca gregaria* 92–93, **92**–**93**
Schleimaal 76–**77**
Schleimpilz, Zellulärer **104**–105
Schmalfußbeutelmaus, Östliche Dickschwanz- 280–**281**
Schnäpper
 Chathamschnäpper 62–**63**
 Fliegenschnäpper 314
Schnecke 163
 Bananenschnecke 292–**293**
 Fadenschnecke **98**–99
Schnurwurm **182**–183
 „dehnbarer" Schnurwurm 200
Schwan 210
 Tundraschwan 210–**211**
Schwärmer 192–**193**
Schwarzer Tiefseebartelfisch 209
Schwertwal 48–**49**
*Scytodes spec.* 80–81, **80**–**81**
Seebär, Antarktischer 176–**177**
Seeelefant, Südlicher 256–**257**
Seeotter 18, 206–**207**
Seeschlange 84, 96
Seeschwalbe, Küsten- **152**–153
Segelfisch **136**–137
*Selasphorus platycercus* 44–**45**
*Sequoia sempervirens* **186**–187
Seychellennuss **274**–275
Sinarapan 166
Singdrossel 130
Skunk, Streifen- **74**–75
*Smintohopsis macroura* 280–**281**
*Solifugidae* 144–**145**
Spechtfink 18
Speerfisch 137
Speispinne 80–81, **80**–**81**

*Sphaerodactylus*
 *ariasae* 174–175
 *parthenopion* 175
Spinne
 Braune Einsiedlerspinne 80
 Speispinne 80–81, **80**–**81**
 Walzenspinne 144–**145**
 Wespenspinne 268–269
 Zebraspinne 268–269
Spinnerdelphin 163
Spitzmaus, Etrusker- 236
Steinkorallen 294–295
Steppenwolf 141
*Sterna paradisaea* 152–153
Stinkende Hundskamille 270
„Stirtons Donnervogel" 197
Stomatopoden **82**–83
„Stratosphere Giant" **186**–187
Strauß 103, **196**–197
Streifenkiwi 278–**279**
Streifenskunk **74**–75
*Strigops habroptilus* **54**–55
*Struthio camelus* **196**–197
Sturmschwalbe 278
Sturmvogel, Fiji- 234
Südlicher Seeelefant 256–**257**

Taguar 147
Taipan 84
Tasmanischer Teufel 75
Tausendfüßler 112–**113**
Teichläufer 138–**139**
*Telmatobius culeus* **230**–231
Teratorn 103, 111
Termite 18, 133
 Kriegerische Termite **50**–51
„Tetas de Julia"-Frosch 227
Tetrastigma 224
Texas-Krötenechse 72–**73**
Thomsongazelle 150
Thonglongya, Kitti 236
Thunfisch
 Blauflossen-Thunfisch 137
 Gelbflossen-Thunfisch 137
Tiefseeangler 272–**273**
Tigerhai 309
Tintenfisch 47
Titanenwurz **60**–61
Titicaca-Pfeiffrosch **230**–231
Torpedorochen 67
Toyamabucht 03
Trappe, Riesen- **102**–103
Treiberameise 154–155, **154**–**155**
*Tremoctopus violaceus* 310–311, **310**–**311**
Truthahn 103
Tümmler
 Großer Tümmler 128–**129**
 Pazifischer Großer Tümmler 128
Tundraschwan 210–**211**
Tüpfelhyäne **308**–309
*Tursiops truncatus* 128–**129**

Uhu, Amerikanischer 75
*Ursus maritimus* **220**–221

Vampirfledermaus 28
*Varanus komodoensis* 56–**57**
Venusfliegenfalle **120**–121
Viper
 Gabunviper 160–**161**
 Nashornviper 160
Virgin Gorda (Brit. Jungferninseln) 175
Vogelnestorchidee 10
*Vultur gryphus* **110**–111

Wacholder 218
Wahoo 137
Wal
 Blauwal 48, 198–**199**, 200
 Buckelwal **32**–33, 117, 223
 Grauwal **116**–117
 Grönlandwal 172
 Killerwal 48–**49**
 Narwal 214–**215**
 Pottwal **94**–95, 188, 195, 266
 Schwertwal 48–**49**
Waldelefant 170
Waldfrosch **68**–69
Walhai **162**–163, 209
Walzenspinnen 144–**145**
Wanderalbatros 96, 103, 106, 180–**181**
Wanderameise 154–155, **154**–**155**
Wanderfalke 106–**107**
Wandertaube, nordamerikanische 122
Wanze, Gemeine Bett- 300–**301**
Waran
 Komodowaran 56–**57**
 Monsterwaran 56
 Papuawaran 56
Wasserläufer 138–**139**
Wasserschlauchgewächse 121
*Watasenia scintillans* **302**–303
Weißkopfseeadler 286
Wellenastrild 314
Wels, Elektrischer 67
Welwitschia 232–**233**
*Welwitschia mirabilis* 232–**233**
Wespenspinnen 268–269
Westliche Korallenwurz 10
Widerbart 10–**11**
Würfelqualle **40**–41
Würgefeige 246–**247**
Wurm, Pompeji- **64**–65

*Xanthopan morganii praedicta* 192–**193**
*Xylotrupes gideon* **126**–127

Zaunkönig 314
Zebraspinnen **268**–269
Zellulärer Schleimpilz **104**–105
Zimtkolibri 96
Zitteraal 66–67, **66**–**67**
Zitterpappel, Amerikanische 218–**219**
Zorilla 75